中华先锋人物
故事汇

常香玉

戏比天大

CHANG XIANGYU
XI BI TIAN DA

汤素兰 著

党建读物出版社　接力出版社

图书在版编目（CIP）数据

常香玉：戏比天大／汤素兰著． —— 北京：党建读物出版社；南宁：接力出版社，2019.4

（中华人物故事汇．中华先锋人物故事汇）

ISBN 978-7-5099-1081-8

Ⅰ．①常…　Ⅱ．①汤…　Ⅲ．①传记小说－中国－当代　Ⅳ．①I247.5

中国版本图书馆CIP数据核字（2018）第276581号

常香玉——戏比天大

汤素兰　著

责任编辑：	李雅宁　何　羽
文字编辑：	王　燕
责任校对：	高　雅　杜伟娜　贾玲云
装帧设计：	严　冬　许继云　　美术编辑：高春雷
出版发行：	党建读物出版社　接力出版社
地　　址：	北京市西城区西长安街80号东楼（邮编：100815）
	广西南宁市园湖南路9号（邮编：530022）
网　　址：	http://www.djcb71.com　　http://www.jielibj.com
电　　话：	010-65547970/7621
经　　销：	新华书店
印　　刷：	保定市中画美凯印刷有限公司

2019年4月第1版　　2023年5月第10次印刷

787毫米×1092毫米　32开本　　5.375印张　　80千字

印数：93 001-98 000册　　定价：20.00元

版权所有　侵权必究

质量服务承诺：如发现缺页、错页、倒装等印装质量问题，可直接向本社调换。

服务电话：010-65545440

目录

写给小读者的话 ………… 1

黄河边的苦孩子 ………… 1
一场夜戏点燃一个梦想 … 7
家有父亲怀绝技 ………… 15
坚决不当童养媳 ………… 21
背井离乡去学戏 ………… 27
再晚也要练眼功 ………… 33
戏是苦虫,不打不成! … 39
拜师学艺练苦功 ………… 45
为求生计跑高台 ………… 51
爸爸被当成了人贩子 …… 57

妙玲有了新名字·········65

走再远也不忘乡情·········71

一鸣惊人·········75

小小香玉成台柱·········81

组成了新戏班·········87

戏比天大·········93

战火纷飞中的义演·········99

生命岌岌可危·········107

鬼门关前走一遭·········113

一见钟情·········121

人民艺术家·········131

"香玉剧社号"·········139

再攀高峰·········147

化作一把泥·········153

写给小读者的话

亲爱的读者小朋友们,问一问你的爸爸妈妈,他们听过中国传统戏曲艺术豫剧吗?

豫剧起源于河南,是我国最具影响力的地方戏剧之一,早年又叫河南梆子。最初的豫剧演员,大多只会演"只唱不动手"的文戏,是一个年仅十三岁的小女孩,把京剧中的武戏"偷"到了豫剧表演之中,成了豫剧中的第一个"武旦"。

她就是一代豫剧皇后,我们这个故事的主人公——常香玉。

豫剧艺术能有今天的辉煌成就,注定绕不开"常香玉"这个闪闪发光的名字,然而很多人都不知道,常香玉出生在黄河流域一个贫苦的家庭,幼年时随母亲上街要过饭,还差点给人家当了童养媳。

童年的苦难造就了香玉坚韧不拔的顽强性格,她少年学戏,吃得苦,受得累,从不气馁;青年时期颠沛流离,仍然不忘同样受苦受难的同胞们,通过一次次义演为难民筹款捐物;累倒在病床上,鬼门关前的常香玉仍然咬牙苦熬——一定要活下去;新中国成立以后,对祖国充满感激之情的常香玉,为国家捐献了一架战斗机。

这个传奇女子精彩的一生,到底还有哪些引人入胜的故事呢?请你们翻开这本书,听我细细道来……

黄河边的苦孩子

相传在很久以前，昆仑山上住着一位老道和他的两个弟子。有一天，老道对两个弟子说："我要出门去看一个朋友。锅里煮着一条从东海抓来的黄蟒蛇，你们要不断给锅添柴加水，千万别偷懒！"老道说完便骑鹤而去，留下两个弟子天天守着大锅，不断给锅添柴加水。一晃几百年过去了，也不见师父回来，两个弟子耐不住了，一天，一个对另一个说："反正师父也不知道要什么时候才能回来，我们下山去玩玩吧！"另一个也正有此意。于是，他们把锅里的水加得满满的，把锅下的火烧得旺旺的，就下山玩去了。等他们从山下回来才发现，糟糕，火早已经熄灭了，锅里的水也被蟒蛇喝干了。蟒蛇正向东海方向逃去，蟒蛇经过的地方留下了一条黄色的水道。他俩慌忙沿着水道追去。黄蟒发现他们追来了，急忙乱拐乱窜，奔向东海，这就是今天的九曲黄河。师父回来，发现锅里的黄蟒不见了，弟子也不见了，便什么都明白了。他骑着仙鹤急追，但为时已晚，黄蟒早已逃进了东海。老道非常生气，惩罚两个弟子："你们放走孽蟒，让它祸害人间，那你们俩就永远守着这道水吧！"于是老道把两个弟子变成了两座山。这两个弟子变成的山叫作追蟒山，在黄河的南岸。人们觉得"追蟒山"不响亮，久而久之，就改叫"邙山"，一直沿用至今。

邙山在河南洛阳市以北，黄河南岸，是黄河与洛河的分水岭。邙山不高，海拔只有二百五十米左右，却绵延一百多公里，全是丘陵。夏秋两季，邙山常常下大雨，发大水。年深月久，丘陵便被冲出许多像刀削似的深沟。

因为沟多，这里的地名也常常带着"沟"字。

在邙山头有个村子便叫董沟。董沟属于河南巩县，在洛河下游，距洛河只有一里多地，距洛河与黄河交汇处也不过十来里。

一九二三年九月十五日，一个浓眉大眼的小姑娘出生在这里，她姓张，乳名妙玲，她就是后来的常香玉。

黄河边的人，无论穷人还是富人，自古以来就习惯于在深沟陡壁上打窑修院，用以遮风挡雨。唯一的区别是，富人家的窑洞大都用青砖夯顶，方砖铺地，窗棂上装着玻璃，窑口装着雕花油漆门。穷人家却只能因陋就简，在山沟里随便挖洞，砖瓦木石啥都没有，凑凑合合也算是个家。

妙玲的家，就是这样一个简陋的窑洞。妙玲和爸爸、妈妈、奶奶，还有弟弟，就住在这个窑洞里。

在黄河的哺育之下，中原大地原是华夏文明的发祥地，然而自古也是苦难之地，因为水灾、旱灾、蝗灾、兵灾不断，天灾加上人祸，民不聊生。

妙玲家祖上只有五分多旱地，因为无水可浇，风调雨顺的年景，也只能收一百多斤麦子，若碰上旱灾、水灾或者蝗灾，几乎颗粒无收。平时妙玲的父亲张茂堂领着妙玲的妈妈魏彩荣和刚出生不久的弟弟外出唱戏糊口，家里只剩下妙玲和奶奶。奶奶吃斋念佛，为人热心善良，又做得一手好针线活，左邻右舍，谁家里娶新媳妇、嫁闺女，或者增丁添口，老人入殓出殡，需要做针线活的，只要有谁来招呼一声，奶奶就高高兴兴地前去帮忙。因为都是穷人，别人给的酬金也不多，往往只是半升米或者一斤面，所以，从妙玲记事起，她就和奶奶相依为命，以乞讨为生。酷暑和寒冬两季，因为天气恶劣，既没有人"写戏"（请人唱戏，签订合同），也没有人看戏，戏班只得封箱，妙玲的爸爸妈妈也只好回到家里。这时候，妙玲就和母亲魏彩荣一起外出要饭。

有一次，妙玲拎着要饭的篮子，拿着打狗用的枣木棍要饭的时候，途经一个村子，刚想进村去乞讨，碰上村里的财主正在淘井。旧时有个规矩，凡人打井或者淘井的时候，不许女人走近。财主看到妙玲，便放出黄狗来撵妙玲。黄狗朝妙玲猛扑过来，龇牙咧嘴，发出可怕的吠叫声，吓得妙玲赶紧躲到路边的一棵柳树后面，抡起枣木棍保护自己。这时，财主家十二三岁的胖小子跑过来喝住狗，对妙玲骂道："滚！再不走，咬死你！"妙玲又气又恨，但也没有办法，只好有气无力地又往别的村子奔。妙玲在野路上走了一会儿，便闻到一股香味。这香味引得她肚子里的馋虫直往上蹿。她跑过去一看，原来是一个赶车的老长工坐在路边歇息，他用三块土坷垃架起一口小锅，捡些干柴，正用润滑车轴用的油煎馍片吃。妙玲跑过来的时候，馍片刚刚煎好。看着又香又酥的馍片，妙玲情不自禁地伸出手，说："大爷，您可怜可怜我，舍我一块吧！"老长工给了她一块，她又说："俺家还有一个奶奶哩！您再舍一块吧！"老长工抬头看着她，说："你这小妮子，年纪这么小，还怪孝顺的呢！你家还有谁呀？"妙玲说："还有俺爹俺妈俺兄弟！"老长工"哎哟"一声，看着锅里的那几块馍片，心想，若给了她，自己就所剩无几了。妙玲赶紧说："俺弟弟还小，还吃奶呢，不会吃！"老长工便给了她四块馍片，妙玲接过馍片转头就跑，连一句感谢的话都没来得及说，因为她要赶紧回家把要来的馍片分给奶奶和爸爸妈妈吃。在以后的许多年里，常香玉只要一吃煎馍就会想起这件事情来，既对老大爷心怀感激，又后悔自己太年幼无知，当时不仅没有问老大爷的姓名，连一句感谢的话也没有说。

在村子里，妙玲有四个要好的朋友。其中有三个是女孩子，一个是男孩子。女孩子一个叫拙妮，一个叫嬬姐，她俩都比妙玲大一岁，还有一个叫叶儿，比妙玲小一岁。男孩子很不幸，天生是个哑巴，但心地特别善良，他比妙玲大好几岁，经常帮助妙玲。

几个小伙伴常常在一起玩，但饥饿就像身后的影子，时时刻刻追随着他们。有一次，他们正在槐树下玩，妙玲饿得心慌腿软，一屁股跌坐在地上。看到身边被风吹落的槐花，妙玲实在太饿了，什么也顾不上了，随手抓起一把槐花塞进嘴里。她嚼着槐花，发现槐花嚼起来甜丝丝的，比家里的糠窝窝好吃多了。妙玲赶紧把自己的发现告诉伙伴们，大家都抓起槐花往嘴里塞，越吃越觉得好吃，高兴得眉开眼笑。妙玲尤其高兴，又蹦又跳的，因为是她发现了这个秘密，为大伙儿立了功。

一场夜戏点燃一个梦想

出了董沟的沟口便是平地，大约再走一里多地，就到了洛河边。

河边有一个古渡口，渡口边有一个大戏楼。

戏楼用砖瓦木石盖成，上面还有飞檐斗拱，富丽堂皇。上面可以唱戏，下面可以行车。

这个戏楼是给河神修的。因为洛河三年两头发大水，传说为了让河神爷高兴，常常要给他唱戏，求他保佑风调雨顺。

中国戏曲是文学、音乐、舞蹈、美术、武术、杂技等各种表演艺术综合而成的传统艺术。每个地方都有自己的地方戏。表演形式载歌载舞，有念有唱，有文有武。戏中的主角既有王侯将相、才子佳人、神仙妖怪,也有平头百姓、绿林好汉,内容大多表现人情世故和悲欢离合。老百姓家里结婚做寿,新屋落成,地方上娱神求雨,都要唱戏。

妙玲六岁那年的秋天,洛河一带突然传出"龙王显圣"的传闻。说是某人某日在河边一家饭铺收拾桌子时,在盘子里发现了一条蛇。这条蛇非常神奇,一会儿变大一会儿变小,一会儿变长一会儿变短,最后腾空飞去,钻入了洛河的波涛之中。这事越传越神,越传越玄,都说是龙王显圣了。秋天多雨,洛河常常发大水,大家都说那是龙王发脾气了。但那一年正好风调雨顺,洛河没有发大水。既然龙王今年没有发脾气,而是显圣了,这事值得庆祝。于是,由当地的乡绅族长们出面,大家捐钱捐物,请来戏班子在河边的戏楼上唱三天大戏,献给河神,庆祝龙王显圣。

一天下午,妙玲像往常一样,拎着菜篮子在路边挖野菜。看看太阳快要落山了,肚子也饿得咕咕叫,妙玲拎起菜篮子往回走。恰巧她看到路边有一蔸非常壮实的马齿苋,又停下来准备扯了这蔸马齿苋再回家。

扯完马齿苋抬起头来，这时妙玲看到路上的人三五成群，都朝着一个方向走，一边走还一边有说有笑。他们这是要去哪里呢？妙玲一打听，原来都是去看戏的。妙玲自从听说老渡口的戏楼给龙王爷写了戏，就一直盼望着去看戏，没想到戏今晚就开演了！妙玲一下子忘记了饥饿，也顾不得应该先把菜篮子送回家，就不由自主地跟着人流往河边走，一直走到戏台跟前。

只见戏楼两边的柱子上系着两盏大灯，燃起的火苗足有小孩子的胳膊粗，把整个戏台照得跟白天一样通亮。

月亮升起来的时候，戏才正式开演。开戏前，妙玲一直站在最前排，伸长脖子朝台上张望，可是台上一直空空的，什么也没有。突然听到锣鼓点子响，后面的人猛地一下往前拥，妙玲一个趔趄，手里的菜篮子脱了手，瞬间被踩得稀巴烂，妙玲也差点被挤倒。好在她人虽小，但身子灵活，她拼着吃奶的劲在人群里钻呀挤呀，终于钻出了人群，却发现自己来到了戏台侧面。戏在戏台上演，侧面什么也看不到，只能听到声音。跑到戏台前面去吧，现在前排已经是人挨人，挤得水泄不通，妙玲根本挤不进去。她又跑到后面去，看见的都是后脑勺，更加什么也看不见。

锣鼓点子响得更紧了，戏台上咿咿呀呀传来了演员的声音，观众的喝彩声也一阵阵传来。这一切勾得妙玲看戏的瘾头更足了。可是，她还是只能在外面转来转去，什么也看不到。

妙玲仰起头来围着戏台转呀转，一边转一边想办法：要怎么样才能看到戏呢？

突然，妙玲的脚下被什么东西绊了一下，低头一看，原来是一根绳子。这根绳子是从戏台一侧耷拉下来的。妙玲拉起绳子，灵机一动：太好啦！

只见她用力拽住绳子，咬紧牙关，使尽力气往上攀，一边攀一边换手，换了几次手以后，她居然攀上去了，来到了戏台上！

妙玲把自己的身子藏在戏台柱子的暗影里，目不转睛地盯着台上看，一直看到刹戏。

这天晚上演的剧目是《甩大辫》，也就是现在的《洛阳桥》。

这出戏的故事发生在元朝末年，讲的是王爷耶律寿的妹妹耶律含嫣在外出郊游时偶遇青年猎手花云，对他一见钟情，并且约他以卖猎物为名，到王府会面。耶律含嫣回到王府，为了迎接花云的到来，在闺房里梳妆打扮，欢喜狂舞，把大辫子甩起来当花枪耍，十分花哨。也因为戏中扮演耶律含嫣的演员需要有独特的甩辫子功夫，这出戏又叫《甩大辫》。

妙玲被台上的戏所吸引，全身心地沉浸在戏台上的世界里。她一边看，还一边晃动脑袋，不由自主地模仿台上演员甩辫子。

突然之间，妙玲发现戏台上空荡荡的，已经没有了演员。戏台前坪上的人也开始向四面散开。

原来，戏已经演完了。

这时候妙玲才想起来，自己来看戏的时候也没有跟家里说一声，菜篮子也不见了，现在回家去，爸爸妈妈能饶了她吗？肯定会有一顿好打！

妙玲不敢回家去，可是，如果不回家，这一夜该在哪里过呢？

妙玲心里发起愁来，拿不定主意是回家还是不回家。就在妙玲磨蹭的时候，戏台前坪上的人已经走得一个不剩了,戏台柱子上两盏大灯的火苗也越来越小。

大灯的火苗最后扑闪了一下,熄灭了,黑暗像一床巨大的毯子,铺天盖地而来。这是黎明前最黑暗的时刻,也是秋夜中最寒冷的时候。天上不见星星和月亮,只从遥远的村落里传来一两声狗吠,打破这黑暗中的寂静。夜风从河边吹过来,吹在妙玲的身上,一阵比一阵凉。六岁的妙玲孤身在这黑暗和寒冷中,害怕极了。她只好又摸黑儿回到戏楼前,找个背风的地方坐下,将身子蜷缩起来,躲避黑暗和寒冷。

不知道过了多长时间,妙玲在迷迷糊糊中听到"呜哇呜哇"的声音。这声音妙玲太熟悉了——是哑巴的声音!妙玲揉揉眼睛,只见哑巴正笑眯眯地站在她的面前。这时天已经蒙蒙亮了。哑巴一把把妙玲拉起来,双手比画着告诉妙玲:家里人不见妙玲,急坏了,已经找了她一整夜,让她赶紧回家去。妙玲看到哑巴,虽然高兴,但还是害怕回家会挨打,不敢跟他一起回去。聪明的哑巴用手比画着吃饭的样子，又拍拍肚子，意思是说：你不回家，不怕饿吗？妙玲这才发现，自己昨天没有吃晚饭，现在肚子正饿得咕咕叫呢。于是，她也顾不得害怕，赶紧跟着哑巴回家去了。

家有父亲怀绝技

这天妙玲回到家里，多亏有哑巴陪着，有哑巴替她"说"好话求情，妙玲才没有挨打。但也从这天起，妙玲的心里有了一个美好的愿望，她做梦都想当演员，做梦都想演戏。她一想起台上那个花哨的耶律含嫣右手拿着手巾，左手扣着辫梢，在台上扭来扭去的样子，心里就痒痒的。于是有一天，妙玲找一块破布当手巾，把奶奶的扎腿带系在头上当辫子，趁院子里没有人的时候，一个人在院子里又唱又扭。

就在妙玲一个人又唱又扭，玩得十分起劲的时候，听得背后传来扑哧一声笑。原来是妙玲的爸爸张茂堂站在窑洞的窗户跟前，一直盯着妙玲看。

妙玲一下子羞得满面通红，躲到院子里的大椿树后面。没想到爸爸却走过来，把妙玲拉到跟前，对她说："你看着我。"

张茂堂在女儿面前拿着架子走了几个圆圈，又双手摁地，接着是胸部、腹部和双腿先后落地，反复做了好几次。他做完以后，让妙玲照着做。前一个动作叫跑圆场，后一个动作叫虎扑。妙玲看到爸爸并没有责备她，还像一个小孩子一样在地上扑腾，觉得很好玩，便照着爸爸示范的动作做起来。虎扑的动作因为妙玲之前没有学过，做得不太好，圆场的小碎步倒模仿得有模有样。当时张茂堂看在眼里，虽然没有说什么，但在心里不免嘀咕：妙玲只看过一回《洛阳桥》就学得有模有样，刚才跑起圆场来也有模有样，难道这孩子天生就是吃这碗饭的？

打这以后，张茂堂再去密县戏班帮忙，有时候就会带上小妙玲。妙玲特别活泼开朗，一来二去就和戏班里的叔叔伯伯们混熟了。每一次演出的时候，妙玲就在后台不错眼珠地盯着看。看完了回到演员们的住处，她就模仿演员们的动作扭来扭去，嘴里咿咿呀呀地又唱又拉。如果有人夸她,逗她,她就扭得更活泛,唱得更来劲。

有一天晚上,舞台上要演《老包铡陈世美》,临到要开戏了,扮演秦香莲女儿的小演员发高烧,上不了台。大家正在着急的时候,有人说:"嗨,就让妙玲上吧。反正也没有什么唱词,不就是跟着大人在台上转几圈吗?"戏班的掌班征求妙玲爸爸的意见,妙玲爸爸说:"不光是转圈,还得哭。我家这妮子,脾气倔得很,从小不爱哭。"妙玲生怕错过了上台的机会,赶紧说:"我会哭,我会哭。"并且立即模仿小伙伴受委屈的样子,揉揉眼睛,鼻子一抽一抽、身子扭来扭去地哭起来,表演得跟真的一样。

众人看了,异口同声说:"中!"

张茂堂还是不放心,又把在戏中扮演哥哥的小男孩找过来,对妙玲说:"你在台上可不能想哭就哭,也不能哭个没完没了。你看着哥哥,他哭你也哭,他不哭你也不要哭。"

这是妙玲头一次登台演出,虽然是第一次,但她一点儿也不怯场。刹戏以后,戏班的掌班对妙玲爸爸张茂堂说:"你这妮子怪机灵的呢,让她学戏吧,准有出息。"张茂堂说:"女孩子家学戏,我还得跟她妈妈商量商量。临带她出门时,她妈还准备把她送出去呢。"

妙玲不明白爸爸说的"送出去"意思其实是说送去当童养媳,只是糊里糊涂地抢着说:"送我上哪儿去我也不去,我就跟爸爸学戏。"

说起妙玲的父亲张茂堂,也算是一个奇才。

张茂堂十五岁给财主家当放羊娃,吃不饱,穿不暖。一天,一只羊羔不小心跌到墓坑里摔死了,狠心的财主把他吊在房梁上痛打了一顿,绳子勒的伤疤在他手腕上留了一辈子。当天夜里,张茂堂挣脱绳索,逃出了财主家。因为不敢回家,张茂堂便在外面找了一个戏班跟着学戏,四处漂泊。学了半年之后,因为那个戏班里的孩子中间就数他长得高,没有人能跟他配戏,就被班主打发走了。他这一走就是好几年。这几年里,他要过饭,打过零工,当过兵。尤其在当兵的时候,军队里有个马夫原是唱戏的,他跟着马夫学了不少戏。后来他趁军阀混战时,又从军队里逃走了。

这样又过了几年,等张茂堂突然回乡的时候,他已经是个有名的豫剧西府调艺人,唱花旦,艺名张凤仙。

坚决不当童养媳

在旧社会，女孩子学唱戏，被认为是从事低贱的职业，舞台上的女角多是男人扮演的。但是，男人学唱戏，也被人认为是丢人现眼，在家族里做不起人，死后还不能葬入祖坟。张茂堂在外面学唱戏，就瞒着村里的族人和亲戚。他搭班唱戏也是在外地，从来不敢回巩县唱戏，而且唱戏的时候用的是艺名。

张茂堂天生有一副好嗓子，人们还送了他一个诨名"二百贯"，意思是他开腔就值二百贯钱。然而不幸的是，在妙玲六岁那年，不知道什么原因，张茂堂一夜之间突然就坏了嗓子，再也没有办法上台唱戏了。

张茂堂虽然不能登台唱戏了，但还是留在戏班里帮忙打杂，顺便在演戏的时候卖点纸烟茶叶什么的补贴家用。因为单靠家里那五分多旱地，根本养不活一家五口人。

旧时代，穷人家的闺女，自小就会被送出去当童养媳，以便减轻家里的负担。妙玲的四个姑姑就都是童养媳。二姑七八岁时被送去当童养媳，被活活给折磨死了。四姑生完孩子以后，在月子里得了病，婆家不仅不给治病，还嫌弃她卧床不起，结果孩子还没有满月，四姑就病死了，死时年纪还不到二十岁。

三姑的婆婆在当地是出了名的凶悍角色，经常将三姑打得头破血流。每次三姑回家来，妙玲的奶奶都要先用纺棉花的线柱挑起三姑头上的一绺绺头发，再用梳子轻轻地、慢慢地梳理，才能把头上的血痂清理干净。每当这个时候，妙玲就看到奶奶和三姑总是抱在一起，哭成一团。这凄惨的情景，妙玲一辈子也不曾忘记。

妙玲的大姑也是童养媳。但她的运气比其他几个妹妹好。她婆家原来也很穷，但后来发达了，在镇上开了粮坊，还置了十几亩田地，成了财主。大姑长相漂亮，又会操持家务，慢慢地就成了财主家里的当家人。

大姑虽然富了，却也没有忘记娘家的穷亲戚，逢年过节、妙玲奶奶过生日的时候，大姑都会带着丰厚的礼物回家来。大姑也很喜欢妙玲，每次回家都给妙玲带些好吃的。妙玲有一件特别好看的花棉袄，也是大姑用旧衣服给她改的。

每逢农历五月初五，在河南一带，出阁的闺女都要回娘家，俗话叫"送端午"。妙玲九岁那年，虽然奶奶已经去世两年了，但端午节这天，大姑和三姑还是早早地就回家来"送端午"了。

大姑把带回来的一篮子粽子、油糕等东西交给妙玲的妈妈魏彩荣，随即说道："妙玲快十岁了吧？也不说送童养媳，你们当父母的就不着急？"

妙玲妈妈正要回答，看到妙玲站在旁边，就朝妙玲爸爸使了一个眼色，意思是让他把妙玲支开。妙玲爸爸却说："你有什么话就说吧，这是孩子的正事，不用背着她嘛。"

妙玲妈妈就说："倒是有一户人家，只有兄

弟两人,还是双胞胎,家里有十来亩地,也算富裕……"

大姑一听,马上就说:"既然是这么好的人家,为什么不早点定下来呢?"

原来,妙玲妈妈魏彩荣老早就想把妙玲送去当童养媳了,但是妙玲爸爸张茂堂不同意。她现在看到大姑这么说,就指着妙玲爸爸张茂堂,对大姑说:"你问他!"

张茂堂说:"大姐,你的一番好意,兄弟心领了。你不记得二姐、四妹死得有多惨吗?只要一想起她们,我就不忍心叫孩子再去当童养媳。"

听妙玲爸爸这么说,三姑立即哭起来:"童养媳的日子,真是连牛马也不如啊……可是,不当童养媳,又有啥法子呢?我看还是叫孩子去吧,送去了至少有人管饭吃,总比在家里挨饿强呀!"

于是,以妙玲爸爸张茂堂为一方,以妙玲妈妈、大姑、三姑为一方,为该不该送妙玲去当童养媳的事,争吵了起来。

妙玲一直站在旁边。刚才听说要送她去当童养媳,她气得双拳紧握,血直往头顶上冲。大人们争吵的时候,她的心弦始终绷得紧紧的。几个大人吵了一会儿之后,突然之间都沉默下来,他们沉默的时候,妙玲感觉到空气都仿佛给冻住了。这时候,她实在忍不住了,壮着胆子说:"我不当童养媳!我不能叫人家打死!我要跟爸爸学唱戏!"

背井离乡去学戏

妙玲的妈妈、大姑和三姑没料到妙玲会说出这样的话来,齐声大叫道:"什么?你要学唱戏?"

张茂堂一把把妙玲搂在怀里,说:"好,闺女,你就跟我学唱戏,保险不会饿死!"

"学唱戏?"三姑的嘴巴张得大大的,她实在不敢相信妙玲和她爸爸会做出这个决定。

"你疯啦?"大姑的眼里射出愤怒的光来。

魏彩荣也不相信张茂堂说的是真话,埋怨道:"你怎么能跟孩子瞎说呀?"

大姑说:"茂堂,因为你学戏,已经闹得亲戚朋友都在你背后戳脊梁骨,说你百年之后不准葬入祖坟,还连累得你姐夫也在人前抬不起头来,你如今还想让闺女去学戏，你是不是疯了？你想想，族长会答应吗？"

一提起族长，张茂堂气不打一处来："族长是族长，我张茂堂是张茂堂。前年咱娘去世，没有钱下葬，我给他磕了三个响头，他才借了二十块钱给我，还要三分的利息，还要咱姐夫做保人。他算什么族长？！"

"你既然不听我的话，这个家我也不管了！"大姑气鼓鼓地起身走了，临出门的时候还撂下一句话："张茂堂，从今天起，我不是你姐姐，你也不是我兄弟，咱们一刀两断！"

"一个鸡娃两只爪，还能刨点吃的，我就不信孩子跟着我会饿死！"张茂堂人穷志不短，回答起来一点儿也不含糊。

从三年前的夜戏到现在，妙玲一次次地在院子里又扭又唱，一次次想着登台唱戏，现在，爸爸终于决定带她学戏了，妙玲自然高兴。然而，要想美梦成真，她还得经历许许多多艰难曲折呢。

张茂堂公开挑战族长和大姐的权威，宣布要带女儿学戏，在老家董沟村是再也待不下去了。他打算带领全家离开董沟村，自己到密县的煤窑里去卖力气养家糊口，晚上就教妙玲唱戏。

张茂堂把家里能变卖的东西都卖了，一共凑了七块现大洋，这就是一家四口人的盘缠。

因为他们得罪了族长和有钱有势的大姑，虽然知道他们要背井离乡，但其他亲朋好友都避他们远远的，没有谁来问声好，送个行。临走那天早晨，只有妙玲的三姑悄悄地来了。三姑把妙玲叫到一旁，掏出一条黄带子系在她的腰上，嘱咐她说："妙玲，晚上住店的时候记得把这条带子交给你妈妈，千万不要弄丢了。"

一家四口清早从董沟出发，天快黑时才到达荥阳县城（今荥阳市）。张茂堂打算在这里住一个晚上，第二天再坐骡车去密县煤矿。

张茂堂领着老婆孩子朝一家小店走去，还没有走到店门口，突然只听他"哎呀"一声，脸色一下子变得煞白，一屁股瘫坐在地上。原来不知道什么时候，张茂堂身上装钱的褡裢被小偷划破了一个口子，七块现大洋一个不剩，一家人的盘缠丢了个精光。

张茂堂已经完全急蒙了。听说钱没了,妙玲妈妈魏彩荣放声大哭。看到妈妈哭,两个孩子也跟着哭。

一家人的哭声惊动了店老板,店老板心肠好,他劝张茂堂:"钱丢了,你们急也没有用。现在天黑了,你们又没有钱住店,我这大车店后面有一间盛草的破屋子,你们就在那破屋子里将就一晚上,明天再想办法吧。"

那间破草屋只有三面墙,中间一个豁口算是门,里面堆满了草料和麦秸。张茂堂因为这突如其来的打击,已经全身瘫软,人也病了。魏彩荣用身上所有的零钱买来两碗汤面给孩子们充饥,又将麦秸铺平,安置丈夫和孩子们在麦秸堆里躺下。

草棚里因为放着草料,不能点灯。妙玲躺下的时候,摸到了腰上的黄带子,又记起了早上三姑说的话,她便摸黑儿把黄带子递给母亲。弟弟振有年纪小,听说姐姐有一条三姑给的黄带子,吵着非要不可,怎么哄也哄不住。魏彩荣生气了,将带子朝儿子头上一扔,说:"给你!"只听到咚的一声闷响，振有哇的一声就哭了，直说："疼！疼！"黑暗中魏彩荣伸手一摸儿子的头，发现他头上竟然鼓起了一个包。

一条布带子怎么能打出一个包来呢？个中必有蹊跷！

魏彩荣抓起布带子仔细一摸，竟然摸到了个疙瘩！她把布带子交给张茂堂，说："也不知道她三姑在这条布带子里缝了个啥呢，把儿子头上砸出了一个包！"

张茂堂接过布带子一摸，惊喜地说道："这好像是一块银圆呢！"

第二天一早，魏彩荣把布带子拆开，果然是一块银圆。

张茂堂拿着这块银圆，泪流满面："三姐得省吃俭用挣多少时候才能挣到这块银圆啊！这可真是我们的救命钱啊！"

再晚也要练眼功

到了第六天早晨,张茂堂觉得自己精神好了许多,非常高兴地对妙玲说:"妙玲,我今天浑身怪轻松的,病也好了。你不是要跟我学戏吗?来,我这就教你几句。"

妙玲看到爸爸真的要给自己教戏了,高兴得眼泪都流出来了。

这一天,张茂堂教的是《洪月娥背刀》的头四句。这出戏妙玲之前听戏班里的人唱过。爸爸刚把四句唱词唱完,妙玲就说:"我早就会了!"并且得意地唱了一遍。没想到张茂堂把眼睛一瞪,说:"你这也叫唱吗?少板没眼,胡溜八扯,还逞能!今天是头一回,我暂且饶了你。以后你若不用心学，我可要打的。"

张茂堂在密县煤窑给人装车，卖的是苦力，但一家人的生活总算暂时安定了下来，他也可以正式教妙玲唱戏了。

学戏是妙玲的梦想，如今终于梦想成真，她打定主意要认真学。可是，她根本没有想过学戏有多苦，因为学戏，她以后将要承受多少心灵和肉体上的痛楚。

接下来几天，张茂堂仍然教《洪月娥背刀》的头四句戏，他一字一腔地哼，妙玲一字一腔地学。头一句八个字，整整学了四天，还是唱不准。妙玲急得不得了，恨自己太笨，怀疑自己不是学戏的料。倒是张茂堂并没有生气，还安慰妙玲：

"闺女，这是因为你平素胡溜八扯惯了，要改过来不容易。但你的嗓子不错，是唱戏的料。一开始学戏要规规矩矩地学，踏踏实实地练，急不得，越急越上火，反而误事。"

说起来你也许不信，虽然妙玲从小喜欢唱戏，学戏一直是她的梦想，她跟着爸爸也学得特别认真，每天练得也特别自觉，但这四句戏硬是学了一个多月才算学会。

从妙玲学戏起,张茂堂就紧紧把住吐字这一关,他说:"吐字不清,等于钝刀子杀人。"他要求妙玲做到高音不刺耳,低音听得清,有时为了一个字,妙玲得一遍一遍反复地练。

俗话说"千斤念白四两唱",在练戏里的念白的时候,张茂堂要求尤其严格。有一次,在教《抱琵琶》这出戏的时候,里面有一段秦香莲的念白,其中有两句"羊羔跪乳,马不欺母"。这两句话是什么意思,张茂堂没有解释,妙玲根本不明白。因此,她一张口就把"母"念成了"墓"。刚开始,张茂堂还有耐心,一遍又一遍地示范,让妙玲跟着念。一连教了五遍,妙玲总算是跟着念对了。可是,让妙玲自己单独念的时候,又把"马不欺母"念成了"马不欺墓",张茂堂火了,一把拧住妙玲的耳朵,朝她吼道:"是母亲的母,不是墓堆儿的墓,记住了吗?给我念五十遍!"因为张茂堂自己不识字,妙玲也没有上过学,不知道汉字的声音有"平上去入"四声,因此学戏的时候不管是张茂堂自己,还是妙玲,都只能是比葫芦画瓢,并不懂得这个字是读第几声，为此妙玲不知道吃了多少苦头。

张茂堂常说："一个演员，要是眼睛上没有戏，就等于有眼无珠。"他认为眼功是必不可少的基本功，要早学早练，越晚越不容易练好。不然，戏唱得再好，也要减色几分。因此，从他教妙玲唱戏起，妙玲除了早起喊腔练功，晚上睡觉前还得练眼功。

每天晚上临睡前，张茂堂都会点燃一炷香，让妙玲拿在手上，香头对准鼻尖，盘腿坐在床上，两个眼珠紧紧盯住香头，这种练功法叫练"斗眼"。香头冒出烟来，熏得眼睛直流眼泪，也不准眨眼睛，更不准闭眼睛。除了"斗眼"功之外，还有一种眼功叫"转眼"，就是练的时候挥动手臂，让香头在一条线上左右移动，有时画个圆或者椭圆，香头移到哪里，眼睛就跟到哪里。

妈妈魏彩荣看到妙玲白天练得筋疲力尽，浑身酸痛，晚上坐在床上还要练功，就埋怨丈夫："你怎么不白天教她呢？这么半夜三更的还让她练功，你总该让孩子歇一歇吧。"

再晚也要练眼功 37

张茂堂说:"坐在床上不就是歇了吗?我也不是不心疼孩子,可是这眼功非黑夜里练不可,黑暗之中什么也看不见,只有香头上的红点,这样眼神就容易集中,这样练也最长功夫。眼功在戏里用处多着呢。比如在《破洪州》里穆桂英一出场,眼睛就得和锣鼓点配合起来;剧中的人物要考虑一个重大问题,眼珠一转,就表示'计上心头';在《桃花庵》那出戏里,窦氏一听说丈夫死了,随即两个眼珠就要一起靠,眼神要由明亮变暗淡,然后身子一挺,倒在椅子上,表示昏厥过去了……"

戏是苦虫,不打不成!

每次练眼功,都要练一炷香的时间,每次香头燃尽,妙玲连懒腰都来不及伸一个,倒头就睡了,睡得死沉沉的,即便天塌下来都不知道。这样的艰苦练习,让后来的常香玉练就了一双炯炯有神的眼睛,而且眼睛的抗风能力还特别强。一九五三年常香玉到朝鲜战场上去慰问中国人民志愿军的时候,在阵地上演出,那天的风特别大,吹得连年轻的同志都睁不开眼睛,可是常香玉毫不在乎,表演的时候眼睛传神依然十分到位。

张茂堂自己是过来人,他认为一个演员仅靠一种本事要吃一辈子不保险。他自己就吃过亏。他原来唱旦角很吃香，倒了嗓子以后，就再也不能登台了，只能在戏班里打打杂。如果自己当年既会文戏又会武戏，文戏不行了，还可以唱武戏。所以，他教女儿学戏，不仅教唱腔，还让她练武功。但是他自己又没有这方面的本事，不会给女儿示范，只好逼着女儿死练。

妙玲打小就好动顽皮，蝎子粘墙、打马车轱辘、窝软腰什么的都是拿手好戏。爸爸让她练武功的时候，她还暗暗高兴，觉得这比学唱腔容易多了，肯定难不倒自己。她没想到，就为练这武功，她不知道挨了多少打。

爸爸教她的第一项功夫是踢腿。他让妙玲双臂展开，两腿绷直，挺胸直腰，两条腿轮流往上踢，脚尖要钩到鼻尖才算合格。开始时一次踢六十下腿，以后逐天增加。一百，二百，三百，一直增加到踢五百下腿。一口气踢下来，妙玲总是大汗淋漓，腰酸腿疼。妙玲稍有偷懒，张茂堂就会罚她。半个月练下来，妙玲的腿都肿了。张茂堂不仅不让妙玲停，还鼓励她说："孩子，咬牙踢下去吧，等到把腿上的肿踢消了，真功夫就出

戏是苦虫，不打不成！

来了。"

有一天,妙玲踢到了四百七十七下,实在坚持不下去了,双腿一软,一屁股坐在地上,拿拳头轻轻捶着肿胀的大腿,嘴里说:"可练够了。"冷不防张茂堂冲出来骂道:"我看你以后还敢不敢说瞎话!明明少踢了二十三下,为啥说踢够了?"

妙玲妈妈看孩子实在可怜,就劝道:"妙玲已经练得够苦了,你就饶了她这一回吧!"

张茂堂朝老婆眼睛一瞪:"你少管闲事!'戏是苦虫,不打不成!'一个女孩家要是在台上只会打打旗,跑跑龙套,还不如送了童养媳!你看我吧,就是吃了不会武功的亏,倒了嗓子以后,想找碗饭吃,有多难!"

爸爸的这番话,妙玲句句记在心上。自此以后,不管爸爸有没有在后面看着,练功的时候她都不再偷半点懒。每天鸡叫头遍,她就起来,先喊腔练嗓子,然后就练踢腿。等腿上的肿消退以后,她还自己给自己加码,一点儿一点儿加上去,一直增加到六百下。张茂堂看到女儿能这样自觉,也特别高兴,他说:"妙玲,有出息!以后每天早晨练功爸爸就不管你了,你自己好好喊腔,好好练功,我也好趁早出去干活,多挣几个钱。"

拜师学艺练苦功

当时，豫剧名角周海水创办的太乙班在郑州一带很有名，周海水和张茂堂又是老相识，一九三三年，张茂堂便带着刚满十岁的妙玲来到郑州，决定让妙玲投到周海水的门下，正式拜师学艺。不巧的是，周海水师傅正要带着班子离开郑州去开封打拼，因为开封是豫东调的天下，周海水师傅是唱豫西调的，他怕自己这一次去开封万一打不开局面，自己不仅没有时间教妙玲，反而会把妙玲耽误了，就没有收妙玲为徒。

在郑州拜师不成，张茂堂只好又带着妙玲返回密县，加入密县的"平燕"科班。张茂堂在戏班里打打杂，干干零活，妙玲一边学戏，偶尔也扮演一两个小角色。

戏班里的武功教师马九师傅看到张茂堂是真心实意想让妙玲学点京剧的本事，就给妙玲介绍了在郑州的另一个京剧师傅葛燕庭。葛燕庭是当时非常有名的京剧武生，到了郑州，张茂堂按照马九师傅的吩咐，先到一位名叫郭振海的师傅家里，请他当介绍人，再一起去找葛燕庭正式拜师学艺。

拜完师，张茂堂回密县煤窑继续卖苦力挣钱，留下妙玲妈妈魏彩荣带着儿子振有，借住在郑州一个同乡家里，照顾妙玲。

当时葛师傅在郑州的华乐舞台演出，他和妙玲约定，每天在华乐舞台碰面。因为妙玲年纪小，魏彩荣不放心，每次妙玲去学戏，魏彩荣总是跟着。

第一天，葛师傅问妙玲都会哪些功夫，妙玲说："踢腿、蝎子粘墙、打马车轱辘，我都会。"在京剧里，蝎子粘墙叫"拿大顶"，打马车轱辘叫"虎跳"，妙玲的话葛师傅一时没有听明白，他愣了愣神，便叫妙玲把看家本领拿出来。

妙玲自信自己的腿上功夫过硬，一口气踢了两百下腿，又一连打了几个马车轱辘。做完这些动作，妙玲面不改色，大气不喘。她以为自己会受到葛师傅的夸奖，没想到葛师傅只是表情淡漠地说："你这还只是正腿踢，还要练斜腿、骈腿、旁腿，名目还多着呢。"

葛师傅说的这些名称妙玲之前根本没有听说过，脸唰地就红了。葛师傅又把四把椅子两两相对摆好，中间只留两三拃宽，对妙玲说："你打个马车轱辘试试，记住，要从椅子中间打过去。"

妙玲看到椅子中间的距离那么窄，还从这中间打着马车轱辘过去，心里完全没有底，她又不想认输，便咬咬牙打了一个，居然顺顺当当打过去了。心里正暗暗高兴，不料葛师傅又对她说："再来一个试试。"妙玲知道自己刚才打过去不过是侥幸，这一回再打，心里更没有底，果然，硬着头皮再打的时候，脚面碰到了椅子，立时肿起一个好大的包。

葛师傅知道她的脚碰伤了，也不再强迫她，而是自己在椅子中间打了好几个来回，接着猛然往高处一纵身子，又稳稳当当落下来，双脚和身子纹丝不动，就好像被钉子钉在那儿似的。妙玲看得眼睛都花了，也忘记了自己脚上的疼痛。葛师傅这才脸上露出笑容，对妙玲说："今天就到这里，明天正式教你练功夫。"

妙玲原来的武功，都是在爸爸的逼迫下蛮练出来的，动作都不规范，葛师傅费了好大的劲才将它们一一纠正过来。葛师傅又教她练斜腿、骈腿，耍花枪、打飞脚、抢背等一系列动作。这样练了半个月以后，葛师傅才教她唱《花蝴蝶》中的四句戏。

一个月的时间很快就过去了，这一个月下来，妙玲只学了四句戏，其他就是没完没了地练那些已经练熟了的套路和功夫。妙玲妈妈魏彩荣本来就对送妙玲来学京戏有意见，她又特别心疼那每个月十二块钱，所以，当第二个月再给葛师傅交钱的时候，她就悄悄跟妙玲说："你爹真是鬼迷心窍，咱唱的是梆子，偏偏还要拜一个京戏师傅。"

妙玲学戏心切，看到葛师傅总是不教新东西，心里不免对老师起了埋怨，听妈妈这么一挑拨，对师傅更加不满起来。

有一天，葛师傅让妙玲练功的时候，妙玲心里不服气，一直心不在焉，葛师傅火了，作势要打。

妙玲躲闪时一脚踩空，从练功的桌子上摔下来，重重磕在地面上，因为头面先着地，磕得口鼻鲜血直流。

葛师傅看到妙玲脸上流了这么多血，一时之间愣在那儿，不知道该说什么好。旁观的魏彩荣冲上去把妙玲扶起来，对葛师傅说："就算你有天大的本事，俺孩子也不跟你学了！"她转身拉起妙玲的手，说："走，咱们回密县受罪去！"

母女两人气呼呼地回到密县，虽然魏彩荣说了葛师傅不少坏话，但是当张茂堂让妙玲把葛师傅教的功夫亮出来的时候，他看着妙玲踢腿的架势，又惊又喜。张茂堂对女儿打量了又打量，仿佛眼前的女儿不是自己的女儿了。

张茂堂说："你妈把葛师傅贬得一钱不值，只怕是冤枉了人家呢。葛师傅教的可都是《花蝴蝶》里的真功夫啊！他让你重复练，是为了让你的功夫瓷实。你妈真是糊涂呀！"

为求生计跑高台

听爸爸这么一说,妙玲的心里很不是滋味,很想什么时候能当面向葛师傅赔个礼,道个歉,但一直没有机会。直到几年以后,常香玉已经成名,在西安搭班演戏,听说葛师傅也在西安,她便立即买了礼物,和爸爸一起去拜望葛师傅。常香玉准备了一肚子的话想向葛师傅说,可是一站到葛师傅的面前就像个闷嘴葫芦,一句话也说不出来了,但她的心里一直对葛师傅充满感激。后来,每当有人夸她的武功好,她就不由得想起葛师傅对她的栽培。

为了让妙玲多学戏,从郑州回来后没多久,张茂堂就带着妙玲去了一个戏班搭戏,在密县、荥阳、巩县、郑州等地串集市、赶庙会，俗称"跑高台"。

跑高台的生活紧张极了。按规矩，戏班一般在一个地方只演三天，这三天里每天演三场。也就是每天前晌、后晌、晚上都得演出，三天以后，戏班再开拔到新的地方。

每天清晨，妙玲顶着星星到河边或者树林里喊腔练功，回来吃完早饭，早戏已经开场了。中午吃了午饭，别人可以稍微歪在铺盖上迷糊一下，妙玲得抓紧时间背戏词，两点左右又得上棚演出，一直演到日落西山。匆匆吃过晚饭，夜戏又开场了。尤其是第三天夜戏散场以后，因为要挪点换台，一夜赶三五十里路程是常有的事。哪怕风雨交加、滴水成冰，第二天的早戏仍然耽误不得。

跑高台走夜路的时候，张茂堂怕女儿犯困，就给她讲戏，或者让她背戏词。若是起五更赶早场，他就让妙玲在路上练功。张茂堂但凡看到路边有一两张桌子高的田埂或者土坎，便觉得是练功的好场所，决不肯错过。他让妙玲在埂上翻大提，翻前簸，或者练双劈叉。等妙玲练完了功，他再陪着女儿一路小跑着去追赶前面的队伍。

为了不让妙玲在戏台上睡着，张茂堂就让妙玲在身上揣着一盒万金油，让她在实在瞌睡的时候用万金油往脸上涂，给自己提神。

搭班唱戏，如果是正式演员，可以拿份子钱，但妙玲是随班学艺，拿不了份子钱，只不过吃饭不用掏钱罢了。妙玲特别能吃苦，也特别用功。没事的时候，她就总是站在场门口看别人演戏，用心琢磨台上演员的唱腔和身段，平时一有机会，就向师傅们问长问短。因为勤学苦练，妙玲进步很大，会的戏也越来越多了。

看到妙玲的进步，张茂堂特别高兴。但他知道妙玲要真正有出息，还得有名师指点。一九三四年春天，张茂堂带着十一岁的妙玲第三次来到郑州，决定让妙玲再次拜周海水为师。

来到郑州的当晚，正赶上周海水师傅要演《斩蔡阳》。当张茂堂带着妙玲来到后台的时候，周海水师傅正在化装。相互问候以后，周师傅看了看妙玲，非常高兴地说：

"孩子长高了，也长机灵了。我也听从密县

来的人说过,妙玲的武功不错。既然你们已经来了,那就让妙玲今天晚上给我上个马童,中不中?"

张茂堂一听,高兴极了,马上答应:"能给周师傅演马童,这是她的造化呀!只是她没见过什么世面,还得让老弟你多操心啊!"

马童这个角色,没有一句唱词,讲究的是翻腾功夫,一个人在台上,有多大本事都可以拿出来。妙玲想起上次来郑州演出时髯口掉下来闹了笑话,这回正想要显显本事,把面子扳回来,所以,随着锣鼓点子的响动,门帘一掀,妙玲一个踺子飞砸出场,接着是一连串小翻。台下立马有了喝彩声。听到喝彩声,妙玲更来劲了,又是一连串的双劈叉,走虎趴,最后是脊背着地,挥臂抡腿拧身连续翻滚,这个动作叫"乌龙绞柱"。

妙玲的表演十分精彩,看得人眼花缭乱。场下的喝彩声更响亮了。

按规矩,这些动作表演完毕,妙玲应该拾起马鞭,迎周海水扮演的关公出场。但妙玲听到场下的喝彩声,感到刚才的表演还不过瘾,又把刚才的动作重复了一遍。

散戏后,周海水师傅高兴地对张茂堂说:"这孩子长进大,有出息!大哥,你们爷儿俩就留在我这里吧!"

爸爸被当成了人贩子

　　周海水师傅教妙玲的第一出戏是《卖苗郎》，故事讲的是苗郎的母亲柳迎春为了筹钱给公公治病，不得不忍痛把儿子苗郎卖了。周师傅让妙玲扮演苗郎。戏中苗郎的唱词不多，妙玲很快就学会了，可是周师傅总觉得妙玲唱得不够有韵味。他耐心地对妙玲说：

　　"苗郎是个苦命的孩子，家里穷，他妈妈要把他卖掉。你将心比心，要是搁在你身上，你心里是啥滋味呢？"经周师傅这么一说，妙玲猛然想起了自己几个姑姑当童养媳时所受的罪，顿时心里一酸，眼窝里涌出了泪水，再开腔唱的时候，刚唱出一声"娘"，心里就觉得仿佛有说不尽的冤情，心里一恸，唱腔里就带出泪来了。

周师傅立即说："这就对了。唱哭戏要是不能叫人掉眼泪，就不算好唱家。"

从妙玲九岁正式学戏起，这是她第一次懂得用心体会戏中角色的感情，虽然还算不得完全"开窍"，但至少算是学会了演员表演的时候要接近角色。

《玉虎坠》是河南梆子的传统经典剧目，在旧时河南各路梆子中都上演过。故事讲的是占山为王的马武下山去拜访好友冯彦，适逢算命的瞎子王腾和女儿王娟娟在集市上卜卦算命。冯彦的弟弟冯鹰为了霸占哥哥的产业，杀死算命先生，嫁祸给哥哥冯彦，还想把嫂嫂冯氏卖掉。冯氏带着儿子义郎连夜出逃，在破庙里遇上王娟娟。为救冯彦，王娟娟取出祖传宝物玉虎坠让义郎去卖。恰逢洛阳守备王元路过此地，将义郎收为义子，带往洛阳。冯氏带着王娟娟来到守备衙门告状，王元升堂问案。与此同时，马武下山杀死冯鹰，替冯彦报仇，又领兵攻打洛阳，使得义郎终于和母亲、王娟娟相见。

《玉虎坠》是当年张茂堂的拿手戏，妙玲幼年跟着爸爸学戏时就学过。在戏班到郑州南关赶药材大会的时候，周海水有心想让妙玲演《玉虎坠》。于是，他对戏班里的另一个女演员孙兰芳说："兰芳，过两天我们去南关的时候你和妙玲合演《玉虎坠》吧，你扮冯大娘子，让她扮王娟娟，准能唱响。"

孙兰芳十八岁了，是周师傅专门从开封约请来的唱豫东调的演员。

孙兰芳听周师傅这么说，当时没有吭声，只是拿眼睛瞅了瞅妙玲。周师傅看她一脸不乐意的样子，就解释说："妙玲比你小，个子低一头，还是奶腔，扮王娟娟比较合适。闺女，你就扮冯大娘子吧！"

听了周师傅的解释，孙兰芳也没再说什么就走了。

孙兰芳当时已经是"角儿"，也就是说她当时在河南梆子演员里已经有了名气。能和这样的"角儿"一块儿演戏，妙玲既开心又有些胆怯。那天晚上开演前，妙玲早早地就化好装，坐在一旁温戏。可是左等右等也不见孙兰芳露面。等到前面两个垫戏都快收场了，孙兰芳的妈妈才来到后台，气呼呼地对周海水师傅说："今天兰芳不来了。她们一个豫东调，一个豫西调，唱不到一块儿！"

周师傅说："咱们是个小戏班，哪能分得那么清呢？之前兰芳不是也答应了吗？临时变卦，你让我可怎么办……"

孙兰芳的妈妈没等周师傅说完，就把话头抢了过去："你让我家兰芳给一个黄毛丫头配戏，她不嫌丢人，我还嫌丢人呢！"说完，鼻子一哼，扒拉开人群走了。

大家都愣了神。戏就要开演了，临时改戏已经来不及了，这可怎么办呢？

"唉，真没想到会这样！"周海水师傅长叹一声，把褂子一脱，"我上吧！我一辈子没有演过青衣，这一回只好出丑了！"

看到周师傅为难的样子，妙玲在心里对自己说："我今天一定要争口气，把王娟娟演好，气气孙兰芳！"

这出戏妙玲本来就十分熟悉，那天出场以后，妙玲唱得特别卖力，动作也比平时灵活。第一场戏唱下来，就赢得了不少掌声。在第二场戏里，妙玲唱完，本该周师傅接腔，但周师傅因为是临时上场，平时又没有演过，忘词了，不知道该怎么接，妙玲立即小声地给周师傅提了词。周师傅毕竟是老江湖，一点儿也没慌神，在妙玲给他提了词以后，他从从容容地接着唱下去，唱得严丝合缝，台下的观众谁也没有察觉出来。

戏演完以后，周师傅回到后台，拦腰抱起妙玲，掂起来抡了三圈，抡得妙玲晕头转向，才把她放下来，一把搂在怀里，高兴地对她说："乖孩子，你今天唱得真不赖！"

孙兰芳闹的这场别扭，让张茂堂觉得他们父女两个不能再待在周海水师傅的戏班了。因为孙兰芳是周师傅请来的主演，如果她心里不痛快，势必会使周海水师傅左右为难。尽管周海水师傅再三挽留，张茂堂还是带着妙玲离开了周师傅的戏班。

离开戏班以后，张茂堂一时也没有找到新的戏班搭戏，心情很不好，脾气就更加暴躁。

一天中午，他带着妙玲在一个打麦场练功的时候，因为天气炎热，妙玲练得口干舌燥，汗水直流，正好这时母亲魏彩荣端来了一罐凉茶，妙玲就想喝口凉茶再练。

可是张茂堂说什么也不答应，妙玲顶撞父亲，被正在气头上的张茂堂踹了个嘴啃泥。她脑门儿正好撞在一块石头上，顿时血流如注，昏了过去。

等妙玲醒来，发现自己躺在妈妈魏彩荣的怀里，头上的伤也已经包扎好了，而爸爸竟然被当成人贩子，抓到了保公所。

保公所是民国时期政府的地方基层组织，掌管地方上的一些自治事务。

妙玲和魏彩荣随着保丁来到保公所，只见张茂堂身上捆着绳子，正低着头站在那儿，被人盘问。

魏彩荣见了，赶紧哀求："俺闺女是个唱戏的，这是她亲爹，不是人贩子。"

人群中有一个老大爷，站在一旁端详了老半天，认出来妙玲就是前些日子在戏院演戏的那个小闺女，于是，有他做证，保公所才给张茂堂松了绑，但还是狠狠地把他教训了一顿："即便是亲闺女,你下手也太狠了!以后可不许再这样心狠手重了!"训得张茂堂点头哈腰,连声称是,还赌咒发誓,说以后再不打妙玲了。

妙玲有了新名字

从保公所回来,魏彩荣和张茂堂大吵了一架。

魏彩荣埋怨张茂堂动不动就打孩子,张茂堂却说不打练不成戏,夫妻两个一时僵持不下,魏彩荣忽然说:"与其这么打下去,还不如把孩子送了童养媳!"

妙玲听到妈妈又说要把她送童养媳,身上就像被蝎子蜇了一样浑身打战。她扑通一声跪在地上,抱住妈妈的双腿哀求道:

"妈,我不当童养媳,还是让我跟着爸爸学戏吧!"

魏彩荣一把抱住闺女,眼泪直流:"还学戏哩!只怕挨不到学出来,你早被你爹打死了!"

就在这一家人悲悲切切的时候，门外传来一声响动，妙玲的干爸来串门了。

妙玲的这个干爸，名叫常庆会，因为在家里排行第一，人称"常老大"。

常老大在巩县站街开了个小饭铺。有一年秋天，张茂堂带着妙玲回老家给已经过世的奶奶做三周年，到站街时，天已经黑了，只好借住在站街一个熟人开的小烟铺里。那天晚上张茂堂打发女儿睡觉的时候，不小心把没有掐灭的烟头裹在妙玲的衣服里，结果把衣服烧出了几个大窟窿。妙玲当时只穿了这一身衣服，衣服破得不能再穿了，第二天出不了门了。

那天早晨，张茂堂上街去买早点，进的正好是常老大的小饭铺。常老大因为是个戏迷，听说过张茂堂。他看到张茂堂，便问道："你就是董沟那个姓张的吧？你这次回巩县来干什么呀？"

张茂堂说："我这次回来是给我故世的母亲做三周年。可是眼下，我闺女的衣服烧坏了，窝在店里出不了门，我正发愁不知道该怎么办呢。"

常老大家正好有一个闺女,年岁跟妙玲差不多。他听了张茂堂的难处,立即撂下手里的生意,跑了三里多路,回家取来她闺女的一身衣服,交给了张茂堂。张茂堂把衣服送去给妙玲穿上以后,又领着妙玲来给常老大道谢。常老大看到妙玲穿上他闺女的衣服十分合身,特别高兴。他又端详了一会儿妙玲,悄声问张茂堂:

"这就是那个跟你学戏的闺女吧?"

原来,妙玲跟着爸爸在密县学戏的风声早已经传到了巩县,引起了种种议论。当时豫西一带还没有女孩子学唱戏,许多人说女孩子学戏不是正道,张家的族长认为妙玲辱没了祖宗,已经扬言不许妙玲姓张。

提起这些,常老大气愤地说:"唱戏也是凭本事吃饭,光明正大,有什么丢人的!老弟,我要有这么个闺女,才不怕那些闲言碎语呢!"

张茂堂看到常老大为人热忱,心里一激动,就说:"大哥,这闺女就给了你吧。"

常老大说:"一言为定!"

就这样,妙玲认了常老大做干爸。

妙玲有了新名字

常老大一走进屋里,便发现妙玲和魏彩荣的脸上都挂着泪花,连忙问道:

"她们这是怎么啦?"

张茂堂叹了一口气:"哎呀,三言两语说不清。走,我们哥儿俩先上街去喝两盅,咱家地方窄,也正好给你找个住的店。"

常老大说:"到底有啥事?你现在就告诉我,一家人不说两家话。"

张茂堂就把事情的前因后果跟常老大说了一遍,末尾他告诉常老大:"妙玲妈宁愿把孩子送童养媳,也不想让她再跟我学戏了。"

常老大说:"妙玲若果真不学戏了,你们族长可就有话说了:谅你张茂堂也成不了精;还有一些人也会跟着说:胳膊终究扭不过大腿。有朝一日,只怕你张茂堂还得回巩县去给族长磕头认罪呢!"

张茂堂本来是个倔脾气,听了这话,他气得头上青筋直冒。于是,他斩钉截铁地说:"不叫俺唱俺非要唱,俺还非在巩县唱不可!"

常老大说:"这才对嘛!我知道有个武胜班现在正好唱到巩县去了。明天咱们一块儿回去,你们爷儿俩就搭他们的班。"

一场风波就这样过去了,妙玲知道自己又可以跟着爸爸学戏,再不用担心会被送童养媳了,心里很高兴。常老大看到妙玲头上扎着布包,血还在往外渗,便又对张茂堂说:"老弟呀,闺女有我的一半呢。你以后不要再打她了,不然我可要把她接到我家里,不许你同她见面了。"

张茂堂看看妙玲,又看看常老大,不好意思地笑了。

张茂堂说到做到,果然带着全家人回了巩县,带着妙玲随武胜班搭班演戏。

赶了几个庙会以后,张茂堂带着女儿妙玲回巩县唱戏的消息就完全传开了。一天上午,有一个人突然来到戏班落脚的地方,当着众人的面,气势汹汹地说:"张茂堂,你过来!族长说了,你自己唱戏当下九流,就够丢人败兴的了!如今你又领着闺女唱戏跑江湖,真是作孽!两条路任你挑:要姓张就不能再唱戏,要唱戏就不能再姓张!"

张茂堂也不示弱,他昂首挺胸地走到来人的面

妙玲有了新名字　69

前,冷笑一声,说道:"百家姓上有的是姓,从现在起,俺的孩子姓常,不姓张!"

来的人碰了一鼻子灰,气急败坏地走了。戏班里的师傅们趁机说:"茂堂,干脆一不做,二不休,真给妙玲把名字改了吧!"

张茂堂也觉得大家说得有道理,他想了想,说:"古时候有个楚霸王,力气大,武艺高,名叫项羽。俺这闺女,今后就叫'项羽',又是'香',又是'玉',今后就叫常香玉!"

张茂堂不识字,戏班里的人识字的也没有几个,他们单凭声音,把"项羽"和"香玉"弄混了,以为"项羽"就是"香玉"。不过,从此张妙玲的名字消失了,常香玉的名字越叫越响亮。

走再远也不忘乡情

张茂堂当年离开巩县的时候,把家都变卖了。现在一家人回来,只能暂时借住在站街。

张茂堂念念不忘当年香玉三姑的恩情,若当时没有她偷偷缝在腰带里的那一块银圆,他们一家人现在还不知道在哪里呢。如今既然回到了巩县,他就买了两块衣料和几包点心做礼物,让老婆魏彩荣带着香玉去看三姐。但他还是记大姐的仇,一再嘱咐她们:"你们是去看三姐的,可不要到大姐家去!"

香玉的三姑和大姑都住在石关村,离香玉他们借住的站街有二三十里地,中间还隔着一条河。那天,香玉和妈妈到了三姑家,三姑特别高兴。留她们吃过晚饭后，三姑又拿出两包点心，撺掇她们去看大姑。

三姑说："不管怎么说，她是大姐，你们到了我这里，不去大姐家，四邻八舍不说你们的不是，倒会说我不懂人情礼数。再说，当年你们家穷，大姐也照顾得不少啊！"

经香玉三姑这么一劝说，魏彩荣终于答应下来，说："要去现在就去吧。"

石关村是个大村子，从香玉的三姑家到大姑家，也有两三里地。她们赶到大姑家的时候，天已经很晚了。大姑没料到香玉她们娘儿俩会来，先是大吃一惊，随即便笑逐颜开，让儿媳赶紧过来倒茶，热情地接待香玉娘儿俩。

魏彩荣左看右看，没有看到鸾儿，便问道："鸾儿呢？"这一问，大姑的眼泪吧嗒吧嗒直流。原来鸾儿是大姑的女儿，年岁和香玉相仿，却不幸在一年前病死了。

看到香玉大姑这么伤心，魏彩荣立即安慰她说："大姐，人死不能复生，你也别太伤心了，以后就让妙玲孝敬你。"大姑这才抹干了眼泪，强颜欢笑起来。她还打开箱子，找出鸾儿留下的几件新衣裳，挑出一件最漂亮的塞给香玉，留给她做纪念。

本来一家人正在和和美美地说话，突然香玉的表哥走了进来。这位表哥瞧不起唱戏的，一见香玉母女就冷嘲热讽，香玉难耐心中的怒火，把大姑给的新衣裳狠狠摔在床上，说了声："妈，我们走！"拔脚就往外面奔。

大姑终究不放心她们母女俩，派了家里的长工铁蛋牵着驴追上来，送她们回去。

然而香玉根本不理他，还把妈妈也从驴背上拽下来，气呼呼地说："走！你不是也长着两只脚吗？我们自己走，不骑他们家的驴！"不得已，魏彩荣只好跟着香玉在前面走，铁蛋牵着驴没精打采地跟在后面。

走到河边的时候，天还没有亮。直到东方泛起了鱼肚白，渡船从对岸过来，香玉和妈妈上了渡船，铁蛋也不敢回去，而是跟着她们上了渡船，又一直将她们送到站街的住处才回去。

魏彩荣怕张茂堂责备，嘱咐香玉不要把去大

姑家的事情告诉张茂堂。没想到香玉一回家，嘴巴就像放鞭炮似的，噼里啪啦都说了。张茂堂听到女儿宁愿走路，也坚决不肯骑大姑家的驴，高兴地朝香玉竖起大拇指："好样的！这才是我张茂堂的闺女！"

张茂堂虽然给妙玲改了姓，换了名，但也明白巩县的族人亲戚对他们父女俩唱戏成见很深，族长甚至已经扬言，要是再见到张茂堂，非把他的腿打断不可。张茂堂觉得待在巩县实在没有意思，恰巧又得到信息，周海水师傅的豫西班到了开封，他便决定带着香玉，去开封投奔周师傅。

一鸣惊人

一九三五年腊月初,小香玉随周海水师傅的豫西班又来到开封。

这是周海水师傅带领班子第二次来开封,第一次来的时候在开封没有打响,他心里窝着气,这次重整旗鼓,再次来到开封,非在开封打开局面不可。

周师傅的豫西班在郑州一带很吃香,为什么到了开封就打不响呢?这牵涉观众的欣赏习惯问题。当时,豫剧有各种流派,比如豫东调、豫西调、祥符调、沙河调、怀梆、南阳梆等,各有各的地盘,各有各的观众。一个戏班或者一个演员,在一个地方很红,换一个地方就不一定红。以往,豫西调演员唱得再好，唱到郑州就不再往东了，祥符调、豫东调演员一般也只唱到郑州，就不再往西。

周海水师傅这回来开封，事先做了充分的准备。头牌演员方面，除了他本人外，还有号称"豫西三张"之一的张同庆和当时最著名的旦角演员燕庚、周银聚、翟燕身等。主要配角也很整齐，是他最早收的三个徒弟——汤兰香、苏兰芬、苏兰芳，还有常香玉。这几个女演员中，只有常香玉当时还寂寂无闻，其他几人的名号都已经很响亮了。这是一个行当齐全、阵营强大的班底，完全可以做到文戏不行有武戏，男的不响有女的，老的不行有小的。

张茂堂对香玉在开封演出也非常重视，还特别将一位本家叔叔请到开封来，和他一起调教香玉。

这位本家叔叔名叫张丙运，是个私塾先生，懂戏，还会编戏。他看了香玉的戏以后，认为香玉有"两长一短"。头一个长处是武功基础扎实，在豫剧演员中并不多见，在女演员中更是绝无仅有；第二个长处是继承了张茂堂的优点，唱腔吐字清楚；缺点是戏味太差，也就是脸上没戏，腔不带情，也不会运用身段和手势来表现戏情。他以《桃花庵》中上门楼一折为例，教导香玉：

"窦氏的丈夫出门十二年，生死不明，窦氏的心里应该很痛苦，可是，你唱'张才夫出门一十二年未回来'时，从眼神到唱腔都缺少心酸难过的味道，双手擦眼泪的时候，手离脸面至少有半尺远，哪里像擦眼泪的样子呢？"

张茂堂觉得本家叔叔说得有道理，他说："这妮子就是个木头疙瘩，心里就是没戏。"

其实不是香玉心里没戏，而是香玉自己还只是个十二三岁的孩子，自小就跟着爸爸学戏，生活单纯，还根本不懂得那些人情世故。

张丙运说："不要紧，孩子还太小，这些事情慢慢就会懂了。现在我们得发挥她的长处，在她的戏里给她加一些武功身段。唱戏要想出人头地，没有突出的特点不行，一招鲜，吃遍天！"

戏班在开封的醒豫剧院演出。开演前三天，剧院门口就贴满了花花绿绿的海报，张同庆、周海水、燕庚等主演的名字，每一个都有报纸大，汤兰香她们的名字也有拳头大。但常香玉是无名之辈，她的名字还上不了海报，演戏的时候，也只能演前面的垫戏。好在香玉的名字还从来没有上过海报，海报上没有她的名字，她也不觉得难过。

那时候，开封的戏园子日场夜场都演，每次演出时间都在四个小时以上。开演时先演个垫戏，接下去是中轴、大轴。垫戏有两个作用，一是等候观众到齐，使早来的观众有戏可看；二是先让演得差的戏为后边的好戏做铺垫，先由无名的演员为有名的演员做铺垫。

头一出戏是《曹庄杀妻》，香玉扮演戏中曹庄的妻子焦氏。焦氏是个泼辣的泼旦，好吃懒做，虐待婆婆，后来被曹庄杀了。虽然香玉只是演垫戏，但开演那天，一家人早早吃过午饭就往戏院赶。爸爸张茂堂牵着香玉的手走在前面，妈妈魏彩荣抱着香玉的化妆盒跟在后面，夫妻俩像女儿要出嫁了一样郑重其事。

在香玉化好装之后，张茂堂先到前台看了一遍，告诉香玉台上哪里有棱，哪里有坑，要如何小心，又把香玉领到后台的场面师傅面前一一鞠躬，请他们对香玉多多关照。

戏演到曹庄砍柴回家的时候，看到母亲眼中有泪，知道她又遭受了焦氏的虐待，便呼唤焦氏出来问个究竟。香玉在呼唤声中出场，左手拿着一个馍，右手拿着一根葱，吃一口馍，咬一口葱，边走边吃，一路扭到台前。焦氏正要抬腿进屋，猛听得曹庄一声怒吼，她吓了一跳，惊叫一声："哎哟，娘呀！"立即把手里的馍和葱扔了出去。香玉上场这一扭、一吃、一扔，竟然就让乱哄哄的剧场顿时安静了下来。

接下来的动作，更是张茂堂为香玉精心设计的，既符合焦氏的身份，又能展示香玉的武功。曹庄看到焦氏虐待母亲，又气又恼，便动手责打焦氏，焦氏怕挨打，在婆婆的身后左躲右闪。惊慌之中，焦氏闪出一个空当，被曹庄猛踢一脚。惯常的演法，焦氏顺势倒下就可以了。张茂堂在这里为香玉添了个新花样，让她趁曹庄踢过来的时候，顺势起一个小翻落下来，屁股稳稳坐在地上。香玉起得高，落得稳，加上又是个小孩子，马上赢得了喝彩声。随即在曹庄追打的过程中，香玉又接连翻了三个小翻，刚刚翻完，便是满堂喝彩。

接下来的垫戏，香玉演了《玉虎坠》中的王娟娟和《大祭桩·打路》中的黄桂英。根据剧情，张茂堂又分别在戏中给香玉加了小翻、虎扑、劈叉和乌龙绞柱等精彩的武打动作，同样受到了观众的欢迎。

这是香玉初到开封时张茂堂为她精心设计的"头三脚"，没想到这头三脚竟然都踢响了！

小小香玉成台柱

周海水是一个精明的掌班师傅。香玉演了两个月垫戏以后,他便看到了香玉的潜力,主动跟张茂堂说:"香玉这孩子的戏大见长进,以后她的戏码得往前提。"这是句行话,意思是叫香玉改演中轴,名字也要上海报。

又过了半年,香玉的中轴戏越来越过硬,海报上的名字也越来越大了,但是,周海水师傅却始终没有提出让香玉演大轴。

一天晚上,香玉演完中轴戏,爸爸张茂堂就带着她离开了醒豫剧院,说是要带她去看一场京戏。

京戏当时在河南叫"黄戏"。为了省钱,父女两个买的是站票。香玉跟着爸爸走进戏院,就见台上一个女子正在跟四个男的对打，男的轮流把枪扔过去，都被女的一一用脚踢回去了。只见那女的前踢，后踢，左踢，右踢，左右同时踢，有时候还躺在台上踢。香玉目不转睛地看着，只觉得满台上银枪飞舞，根本数不清究竟有几杆枪。

回家的路上，张茂堂告诉香玉，这出戏叫《泗州城》。故事讲的是泗州城的水母幻化成人形，欲与书生乌延玉成婚。乌延玉骗取水母身上的明珠，逃出洞房。水母大怒，率领水族掀起波涛，水淹泗州城。观音菩萨派遣众神与水母搏斗，最终将水母收服。

《泗州城》是京剧中最经典的武旦戏，又叫"出手戏"或者"打出手"。刀枪棍棒满台飞舞，水母以拍枪、挑枪、踢枪、前桥踢、后桥踢、虎跳踢、乌龙绞柱踢、连续跳踢等高难度动作表现惊险的战斗场面，极具观赏性。

看了《泗州城》，香玉的魂儿仿佛被勾走了，当天夜里就绰起一杆枪到月光下自己练了起来。随后几天，她日思夜想，一心想把《泗州城》里的本事学到手。

一天，香玉对爸爸说："爸爸，我要学打出手！"

香玉满心以为会得到爸爸的支持，没想到爸爸却说："你想学出手戏？这玩意儿可只有黄戏里有，河南梆子里嘛，不要说女的，连男的也没有人会。太难了！"

香玉把脖子一挺，说："爸，我不怕难！你让我学吧！以前河南梆子里没有人会，我若学会了，以后不就有人会了吗？"

张茂堂带香玉去看《泗州城》，就是有心让她学这"打出手"。可是他又怕自己提出来让香玉学，香玉会有逆反心理，便用了个激将法。他看到香玉乐意学，一把将她搂在怀里，夸奖说："好孩子，有志气！你和爸爸想到一块儿了！"

张茂堂给香玉找了一位武功很好的京剧师傅，又找了四个小青年作为陪练，每天上午苦练《泗州城》。香玉练得浑身上下青一块紫一块，脚面肿得穿不了鞋，走起路来也一瘸一拐，但每天下午和晚上的两场戏还不能耽误。这样苦练了一个多月，香玉终于把《泗州城》拿了下来。

一九三六年中秋节前三天，常香玉在醒豫剧院连演了三天《泗州城》，引起了轰动。因为河南梆子里第一次有了"出手戏"，而且是由一个十三岁的孩子演的。那三天，剧院里座无虚席，站厢里更是人挨人。香玉演的虽然还是中轴戏，但比周海水、张同庆、燕庚他们的大轴戏还叫座。

中秋之后，新的一季演出开始，香玉正式成了主演，每月的份子钱也从十二块现大洋涨到了二十四块。当时物价便宜，买一袋面粉不到两块现大洋。香玉一个月能挣二十四块，一家人的日子比以前滋润多了。

当时开封有三台梆子戏，除了常香玉所在的醒豫剧院之外，还有豫声剧院和永安舞台。每一台都有名角，每一个名角都有自己的看家本领，竞争特别激烈。

香玉是新人，为了让她能在开封站稳脚跟，张茂堂提出了一个大胆的想法，他让香玉在这一季里连演四十五天，每天不重戏。

当时香玉会的戏并不是很多，而且她还不会算账，她根本没有想要怎样实现爸爸给她定的目标，

小小香玉成台柱

她在这一季里除了天天演戏之外,还得每四天就学一出新戏。但凭着初生牛犊不怕虎的精神,香玉硬是挺过来了。

为了学新戏,她一日三餐的时间都在背戏词,根本不知道每天扒拉进嘴里的东西都是什么味道。到了晚上,两只脚累得浮肿,穿不进鞋。她不懂这是为什么,还天真地问妈妈:

"妈,为什么我的鞋早上大,晚上小呢?"

魏彩荣心疼地说:"傻闺女,鞋子早晚是一样大的,是你的脚累肿了呢!"

组成了新戏班

香玉担任主演以后,醒豫剧院每天客满,周海水师傅和醒豫剧院都赚了不少钱。

然而,周海水师傅却不想再在开封久留,他想带着戏班到西安去发展。

张茂堂觉得香玉在开封刚打开局面,现在去西安的话,香玉又要从零开始闯荡,便想趁此机会自己组个戏班,留在开封。

于是,由张茂堂掌班、张同庆和常香玉共同领衔的"中州戏曲研究社"诞生了。

中州戏曲研究社汇聚了当时河南梆子中的好几股人马。

对河南梆子里的传统戏目,大家都熟悉和了

解，戏班和戏班之间，比拼的是演员的功力。张茂堂认为，中州戏曲研究社如果在演传统剧目的同时，还能推出叫得响的新戏，才是真正的成功，用现在的话来说，这才是"核心竞争力"。因此，在中州戏曲研究社的成立大会上，张茂堂激动地说："咱们中州戏曲研究社，这'研究'二字重如千斤，咱们要不断拿出些新玩意儿来。"

为了这重如千斤的"研究"二字，中州戏曲研究社从成立之初，就开始整理旧戏，编写新戏。为此，张茂堂再次请来了本家五叔张丙运，张丙运又介绍了他的两个朋友，一位叫史书明，另一位叫王镇南。

史书明和王镇南都是北京师范大学毕业的，在当时河南的教育界很有名气。他们也都热爱戏剧，认为豫西梆子应该改良。

张茂堂虽然不识字，但非常佩服史书明和王镇南，认为他们都是自己"有学问的知音"。

王镇南和史书明不负众望，很快为中州戏曲研究社编写了一出新戏《西厢记》。这是一本连台戏，共分六部，所以又叫《六部西厢》。提纲是王镇南和史书明共同拟定的，前四部和后两部则由他们分别执笔。

《西厢记》是由两位文人编写的，戏词和之前河南梆子的传统剧目相比，要文雅得多。戏班里的演员都是从小跟着师傅学戏，口传身授，从来没有读过剧本，也不识字。这一次排演《六部西厢》跟以往不同，有了剧本，但因为演员们不识字，王镇南和史书明要先给演员们讲故事，又要分析人物角色的性格，还要打开油印本子一句一句给演员们念台词。而许多演员说惯了方言，单是纠正字音就费了很长时间。

王镇南和史书明两位先生会编戏，却不会安腔打板。安腔打板的任务就落在了张茂堂的头上。

每天晚上，正常的剧场演出结束以后，史书明先生就把《六部西厢》里戏词的意思和所表达的情绪讲给张茂堂听，张茂堂就根据意思安腔打板。每次安了新腔，张茂堂都等不及第二天再试唱，而是马上叫醒香玉起来试唱。为了这《六部西厢》，香玉简直没有睡过一个囫囵觉。

为了排演好这《六部西厢》，整个中州戏曲研

组成了新戏班

究社的人真快忙死了。

演出前一个星期，海报就贴出去了。

正式演出的那天，剧场里座无虚席，连站厢里也挤满了人，演出的过程中，喝彩声不断。虽然豫剧《西厢记》是一出新戏，但演出的效果可以说是"盛况空前"。

然而，第二天上午，大家在醒豫剧院见面的时候，张茂堂和王镇南先生都对《西厢记》挑出了不少毛病，对唱腔和戏都有了一些改动。就这样边演边改，《西厢记》前四部连演了八天。后两部吸取了前面的教训，效果更好。

史书明、王镇南先生的《六部西厢》是根据元代王实甫的《西厢记》改编的，但每一段的情节都扩充了一些。戏从张生到山西游学开始，到有情人终成眷属结束。在经过反复修改之后，《西厢记》还是分为六部，但演出的时候，每天晚上演两部，三个晚上演完。这样戏剧情节更紧凑，观众看得也更过瘾。

《六部西厢》打响了，成了每天晚上的压轴戏。大家看到自己的辛苦终于有了回报，都很高兴。张茂堂却冷冷地说:"我琢磨,红娘演得太不活泛了。"

香玉在《西厢记》里扮演红娘,一听到爸爸说"红娘不活泛",她的心就怦怦直跳。

晚上回到家,香玉试探着问爸爸:"爸,你是不是觉得我演得不好啊?"

张茂堂说:"跟你没关系,是我的唱腔安得不好。红娘出场的时候,唱腔暮气沉沉的,跟红娘活泼天真的性格完全不相称。"

第二天一大早,张茂堂就把史书明先生请来了,跟他说了自己的看法,还让香玉把红娘的唱词唱了一遍。

红娘的唱词是这样的:"在绣楼我奉了小姐严命啊!到书院去探那先生的病情。上绣楼我要把小姐吓哄,啊啊啊,我就说张先生的病疾不轻,你若是救迟慢(可)就要丧命啊!"

张茂堂说:"现在这样的唱法,走的是下五音,音调都是往下滑的,不符合红娘那样又精明又能干的性格。"他又对史书明先生说,"豫东调走的是上五音,我想把这段唱腔改成上五音,你看中不中？"

史书明说："你说得有道理，我是同意改的，可就怕观众不习惯，也怕同行说你净搞歪门邪道。"

张茂堂说："同行说什么我倒不在乎，反正他们一直都说我爱瞎折腾，只要观众认可就行了。我想先改改试试，观众如果不欢迎，把咱们轰下台，咱们再改回来就是了。"

史书明连连点头，夸赞道："张老板，你可真是脑子灵活，胆识过人呀！"

当天晚上演出的时候，香玉便将这一段唱腔改成了新唱法，结果受到了意想不到的欢迎。

当然，说怪话的也有不少。宗豫西调的说常香玉和张茂堂是"欺师灭祖"，宗豫东调的说他们"洋相百出"。

张茂堂却毫不在乎，他给女儿打气："只要观众认可，没有什么可怕的。"

戏比天大

张茂堂原本是唱豫西调的,但是,他在带着香玉搭班唱戏的过程中,经过长期的观摩比较和琢磨,觉得香玉不能固守一家一派,而应该吸收兄弟流派甚至其他剧种的长处,以提高表演能力。香玉学习京剧《泗州城》成功,更让他坚定了这个信心。所以,他总是每隔一段时间,就带香玉到别的剧院去看别人唱戏,用俗话说这叫"偷戏"。

香玉第一次听到爸爸说要带她去偷戏的时候,心里好一阵迷糊,心想:戏又不是个手巾发簪或者扫把簸箕之类的物件,该怎么下手偷呢?

张茂堂说:"傻闺女,外行看热闹,内行看门道。你看完一出戏回来,唱、念、做、打,你只要学会一样儿就中了。"

为了避免被人认出来，父女俩去偷戏的时候，香玉常常女扮男装，挤在站厢的最前边。看到舞台上精彩的地方，张茂堂就悄悄地拍拍香玉，让她特别留神，告诉她这里有"门道"，要"偷一手"了。

用这种方法，当时开封有名气的演员的戏，香玉都看过。

除了偷戏之外，张茂堂还专门给香玉请了豫东调的师傅住在家里，教香玉唱豫东调。当时香玉不明白她一个唱豫西调的为什么要学豫东调，心里有点烦。张茂堂也不解释，只是说："艺不压身，多学一样儿总有好处。闺女，你就好好学吧。"她做梦也没想到爸爸让她学的豫东调在演红娘的时候发挥了作用，而且红娘后来成了她塑造的最经典的戏剧形象。

因为《泗州城》和《六部西厢》的成功，常香玉出名了，海报上"常香玉"三个字比斗还大。

香玉也有点飘飘然了。

一天上午，香玉在去醒豫剧院练功的路上，看

戏比天大　95

见一个年轻人欺侮一位老婆婆。香玉自小憨直豪爽，这些年又演过不少英雄戏，现在路见不平，自然要拔刀相助。虽然身上没有带刀，但功夫是有的，于是，香玉一怒之下，和那个小青年打了起来。张茂堂看她这样行侠仗义，不仅没有夸她，还骂她不要多管闲事，让她赶紧去练功，以免耽误下午的演出。

香玉心里不服，在练功的时候仍是一肚子委屈。当跟她配戏的马小明把枪扔过来的时候，香玉猛一抬腿，把枪踢出两丈多高，然后哈哈大笑道："练这有什么意思？闭上眼睛我也栽不了！"

香玉并不是夸海口，确实，从演《泗州城》开始，她每一次都踢得很成功，还从来没有失手过。她没料到，就是她这一次没有好好练功，当天下午演出的时候就发生了一场严重的事故。

那天下午是一个小学校的包场。香玉在踢枪的时候，竟然一脚把枪踢到了台下。枪擦着一个孩子的脑门儿飞落到地上，引得台下的小学生们一片惊叫，纷纷捂着脑袋往后躲，剧场里顿时一片混乱。

好在带领孩子们来看戏的老校长很有经验，他很快稳住了慌乱的学生们，又仔细检查了被枪擦到的孩子，发现孩子的脑袋并没有流血，只是肿起了一个小疙瘩。

发生了这场事故，香玉吓得浑身发抖，愣在台上不知如何是好。张茂堂赶紧站到台前向观众道歉："刚才常香玉没有演好，对不住大家。我现在叫她来向诸位鞠躬赔礼，让她再给大家好好演一遍。"

老校长不仅没有找常香玉和戏班的麻烦，把学生们安抚好以后，他又特别通情达理地说："演戏总有失手的时候。我教了大半辈子书，还没见过不写错别字的学生呢！我们就大胆地让她再演一次，准能演好。来，我们大家给她一点儿掌声，让她再演一遍，好不好？"

在老校长的带领下，掌声响起来了，孩子们一齐高喊："欢迎再演一遍！"

老校长的谅解和师生们的热情，消除了香玉的紧张和恐惧，让她心里充满感动，于是，她又演了一遍，获得了成功。

香玉回到后台，禁不住热泪盈眶，扑在张茂堂的怀里大哭了一场。这一次，虽然发生了这么严重的演出事故，但是张茂堂并没有打她，而是一板一眼地对她说："闺女，你要永远记住，熟戏也要当生戏演。站到台上，不管多大的委屈，多少烦恼，都得撂在一边，要认认真真演戏，不能有一丝一毫马虎，用祖师爷的话说，这叫作'上了台，戏比天大'，'戏比天大'，闺女，你听真了没有？"

香玉咬着嘴唇点点头："我明白了，爸爸。"

张茂堂又拍拍香玉的肩，说："明白归明白，还要看你能不能一辈子照着去做哩。"

事实证明，"戏比天大"的道理，常香玉不仅听懂了，明白了，也一辈子都照着去做了。

战火纷飞中的义演

香玉的演出越来越叫座,演戏的热情也越来越高涨。

一天晚上,香玉主演《桃花庵》,头一句"九尽春回桃花开"没唱完,就觉得嗓子不舒服。当晚香玉总算勉强唱完了这出戏,可是,到了第二天,香玉觉得连说话都困难了。

她以为只是自己那两天练得太勤,把嗓子累哑了。

张茂堂却说:"兴许是倒仓。"

香玉一听到"倒仓"两个字,顿时像一盆冷水浇在头上,不禁打了一个寒噤——当年爸爸就是没有过得了倒仓这一关啊!当初,爸爸教她练武功,稍不如意，举手就打，抬腿就踢，为的就是万一嗓子坏了，她还可以凭着一身武功吃饭。难道爸爸的话要应验了吗？自己从九岁开始正式学艺，熬了四五年，眼看就要有出头之日，如果以后只能凭武功吃饭，真不甘心啊！

对于一个演员来说，嗓子坏了，简直是天塌了。然而，面对香玉的倒仓，张茂堂倒没有惊慌。也许是因为他在培养香玉之初，便早已做好了这方面的准备。

张茂堂把中州戏曲研究社的工作做了安排，决定带着全家人离开开封，回密县去给香玉调养嗓子。

回密县后，他们找了一个靠河边的小村子落脚。白天，张茂堂在村口摆杂货摊，顺带卖茶水，香玉就在旁边练武功。每天鸡叫头遍，张茂堂就带着香玉到河边去喊嗓子，喊不出声也得喊。

没想到，这样喊了一个多月后，香玉居然又能唱出声音来了。香玉看到自己又能唱了，非常高兴，急着要回开封。张茂堂认为香玉的嗓子还不稳定，不能急于登台，他正想回老家去给香玉奶奶的坟添添土，便带着香玉回了巩县董沟村。

从董沟村返回前，张茂堂又带着香玉到站街去看望香玉的干爸常庆会。那天正巧是常庆会的生日。吃完寿面以后，常庆会神情严肃地对张茂堂说：

"老弟，这回我要拜托你一件事，你非答应不可。"

张茂堂说："大哥，咱们亲兄弟，有什么事情你只管说，只要我能做到的，绝不推辞！"

原来，一个名叫刘凤云的九岁女孩子，一家五口人，父亲痨病缠身，两个妹妹连件棉衣裳也没有，冬天只能窝在被窝里，这一家人全靠凤云妈养活。常庆会看到他们实在可怜，就想要张茂堂收凤云为徒，混口饭吃。

张茂堂以前收过两个徒弟，但因为他相信"戏是苦虫，不打不成"，常常像打香玉一样打徒弟。两个徒弟吃不了这份苦，两家的父母又心疼孩子，后来都跟张茂堂退了合同，于是，张茂堂发誓不再收徒弟。

听到常庆会让他收徒弟，张茂堂立即皱起了眉头:"大哥,我是发过誓不再收徒弟的,这事我可不能答应。"

刚才常庆会说起这一家人的穷和苦,眼泪都掉下来了,香玉在一旁听着,心也针扎似的痛。香玉便哀求爸爸:"爸,收下人家吧。"

常庆会也说:"老弟,你这不是收徒弟,是救人命啊。救人一命,胜造七级浮屠。凤云跟着你,即使学戏学不出来,也总有一碗饭吃啊!"

话说到这份儿上了,张茂堂也不好再推托,于是,便答应了收凤云为徒,并且为她起了艺名常香玲。

经过一段时间的喊嗓溜嗓,香玉的嗓子不仅完全恢复了,而且声音比以前更清脆水灵,于是,张茂堂带着香玉、香玲姐妹两个,又回到了开封。

一九三七年,日本全面侵华。为了宣传抗战,戏剧舞台上兴起了新话剧和文明戏。王镇南先生也为中州戏曲研究社编写了一出反映抗战内容的小戏——《打土地》。故事讲的是一户农家,一家数口死在日本侵略者的屠刀下,只剩精神失常的儿媳和婆母相依为命。她们逃到土地庙里躲避日军的追捕，大骂土地爷为什么不给她们做主……

这是香玉演的第一出现代戏，也就是当时所说的文明戏。化装成日军士兵的演员一出场，台下的观众就用鞋子乱砸，一片骂声，这些场面现在看上去又混乱又不可思议，但在当时，正体现了普通民众对日本侵略者的痛恨。

为了配合当时的抗战宣传，他们还上演了《大破天门阵》《破洪州》等杨家将的戏。在戏中，香玉扮演穆桂英。为了表达大家对日本鬼子的痛恨和自己誓死报国的决心，张茂堂还让香玉将其中的一句唱词改成"取了那大阪地再平东京"，每次这句唱词唱出口，观众就会报以长时间的热烈掌声。

然而，日军的炮火很快就逼近了开封，张茂堂不得不带着戏班离开开封，向西逃难。

他们先是从开封逃难到密县，又从密县逃难到洛阳。香玉好几次差点儿被日本飞机投下的炸弹炸死。

一九三八年冬天，香玉一家人逃亡到了西安。

当时西安聚集了许多难民，河南老乡就有二三十万。

在西安的河南同乡会知道常香玉来到了西安，立即派人来找香玉的爸爸张茂堂。因为许多河南难民的孩子没处读书，河南同乡会想办个西北中学，他们希望香玉能为西北中学义演募捐。

香玉起初不明白义演是什么意思，听来人解释说是要拿演出的收入办学校，让孩子们有书读，爸爸张茂堂还没有开口，她就立即答应了："为孩子读书演，演多少天我都愿意！"

募捐戏定在同春戏院演出。香玉到那儿一看，剧场又小又破，还坐落在一个偏僻的小巷子里，不由得倒吸了一口凉气。心想：为办学募捐，票价比平常高很多，在这么个破戏院里演，谁会来看啊？但不管怎么说，香玉决心自己要加倍演好。

义演头一天的戏是《刀劈杨藩》，香玉扮樊梨花。樊梨花右手扳翎，左手用刀压着杨藩的枪，一亮相，立即赢得了满堂彩。演到樊梨花一刀把杨藩劈倒在地，忽然有人从台下往台上扔了一个红包。香玉以为是有人捣乱，正在吃惊，便见观众纷纷往台上扔红包、衣料、幛子、被面等东西，同时全场起立，拍手叫好。

香玉后来才知道，第一个往台上扔红包的是一个名叫王寅武的河南老乡，他是个生意人，但非常热心公益，他往台上扔了十二块现大洋。在整个募捐义演期间，天天有人往台上扔东西，还有写给香玉和戏班的一封封热情洋溢的信。香玉看到这些河南老乡虽然处在战乱时期，漂泊在外，还这么关心教育事业，希望孩子们能受到教育，读书成人，深受感动。每一天演戏都热情饱满，演完以后心情也特别愉快。这种感受是香玉以前从来没有过的。

生命岌岌可危

一九四〇年八月，曾任河南省代主席的张钫在老家新安县铁门镇修建的"千唐志斋"落成，特别邀请香玉回河南铁门镇演出。张钫是辛亥革命的元老，二十世纪三十年代曾任河南省代主席，中国全民族抗战开始后，任国民党第一战区预备总指挥、军事参议院院长，还兼任在西安的河南同乡会会长。

张钫收藏了自魏晋以来历代的墓志铭一千四百多块，为了更好地保存这些珍贵的历史文物，他特意在老家铁门镇建了一座博物馆，号称"千唐志斋"。

河南到处兵荒马乱，而且香玉当年在河南成名以后，有些人垂涎她的美色，打起了她的歪主意，闹了许多不愉快，香玉极不情愿回去。可是张钫名头这么大，他的邀请谁敢拒绝呢？不得已，张茂堂只好带着戏班，陪着香玉从西安坐火车回河南。

但出发之前，香玉就已经拿定了主意，也向爸爸反复申明，在铁门演完后就赶紧回西安，她一刻也不想在河南停留。

没想到，香玉这一趟去河南不像是去演戏，倒像是去鬼门关转了一圈。

她在离开西安那天就受了凉，晚上开始发烧，第二天，在火车上一觉醒来，随身携带的衣服也不翼而飞。香玉的心情糟透了，心想：出师不利，这一趟非倒霉不可！

因为路途迢迢，交通不便，香玉到达铁门的时候已经是八月下旬。她带着病和极不愉快的心情开始了在铁门的演出。第一天演的是《贩马记》，第二天演的是《陈杏元和番》。演这两出戏的时候，香玉觉得嗓子有点发闷，动作也不像平时那样得心应手，但好在这两出戏都是文戏，香玉勉强应付过去了。

第三天演的是《凤仪亭》，香玉扮演貂蝉，里面有一段剑舞和耍绸子。这是香玉去西安以后，借鉴京剧的《凤仪亭》，结合自己的长处，特意加上去的。河南的观众是第一次看到，反响特别热烈，掌声不断，还接二连三地喊着要香玉"再来一遍"。

"戏比天大"，观众就是天，香玉一站到舞台上，就把自己的病忘记了，受到观众热烈情绪的感染，她又特别卖力地舞了起来。可是，因为连续发了这么多天烧，香玉体力不支，晕倒在台上。当大家慌忙把她搀扶起来的时候，她却说"不碍事"，又绰起绸子从头舞了起来，并且舞得疾徐有致，满台生风，赢得了更多的喝彩声。

当天晚上，香玉就病倒了，先发冷，后发热，夜里从床上滚到地上也不知道。

张茂堂找来一个老中医给香玉开了个药方，但有几味中药铁门镇买不到，得到洛阳去买。于是，张茂堂要带她去洛阳，可是香玉说什么也不肯，一门心思要回西安。

老中医说："姑娘，你病成这个样子，救命要紧，千万不能舍近求远啊，还是去洛阳吧。"

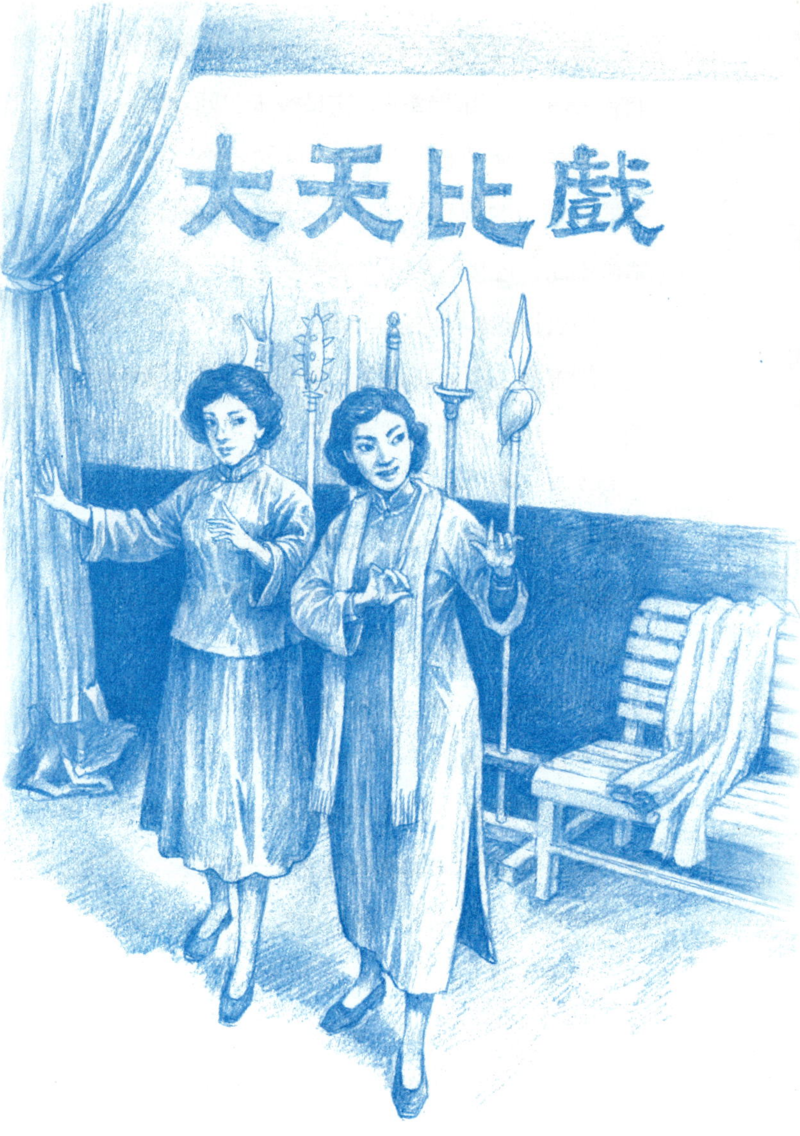
大天比戲

香玉听了，大哭不止。张茂堂只得安慰她："别哭，别哭，回西安就回西安，我们这就走。"

于是，香玉被搀扶着上了火车，不知道过了多长时间，火车停了，香玉又被搀下火车。这时她睁开眼睛一看，眼前不是西安，是洛阳。她气得胸中一阵剧痛，接着就晕了过去，不省人事了。

香玉醒来时，发现自己躺在医院里，屁股上痛得厉害，原来是护士给她打针的时候，不知道怎么搞的，针头折了，断在了肉里，医生和护士正在合力往外挤针头呢。

在医院住了半个多月，天天打针吃药，烧不但没有退，症状还有增无减。香玉的病情越来越重，终日神志不清，胸部还鼓出来一块，一按一个大坑。

医院看到香玉的病西药中药都无效，不愿意再治了，让张茂堂把她接回去。他们在洛阳住的地方是九洲旅馆。张茂堂让人把香玉从医院抬到九洲旅馆，由香玲和老婆魏彩荣照顾，自己到处求医问药，希望香玉还有救。

张茂堂费了许多周折，打听到洛阳南面的关林有一家战地医院，有一位姓杨的军医医术高明。张茂堂把香玉的病况给杨军医说了，杨军医答应给香玉看看。

关林离洛阳十五里路。那天，送香玉去看病的时候，戏班里的同事们都来了，门口还放着一口白木棺材。原来这口棺材是杨军医要求准备的，他说香玉的病耽误得太久了，怕到不了关林就会死在路上。

四个人抬着躺在床上的香玉走在前面，两个人抬着一口白木棺材走在后面，戏班里的同事们眼含热泪，将香玉送出九洲旅馆，又送过十字街口，一直送出洛阳南关，他们仿佛不是送香玉去治病，而是给死者送灵。

多少年来，香玉和大家一起跑高台，闯江湖，逃难，挨炸弹，生死与共，灾祸同担，现在香玉病成这样，大家心里都清楚，今日一别，也许从此就是阴阳两隔。

这一切，香玉看得清清楚楚，只是讲不出话来。她在心里不断地对自己说：我还年轻，我一定要活过来，我一定会活过来的！

鬼门关前走一遭

杨军医名叫杨保安,他果然医术高明。他确诊香玉得的是肋膜炎,但化了脓,也叫"脓胸"。因为耽误的时间太久,已经到了万分危急的地步,可以开刀抢救,但治好的希望微乎其微。

杨军医在香玉的背上开了个大口子,剪断了一根肋骨,将积在胸腔里的脓放出来。积在里面的脓已经变成绿色,有两脸盆之多。

做这么大的手术,按理说应该用麻醉药,但香玉当时完全昏死过去了,跟死人差不多,杨军医就连麻醉也免了。

做过手术后,杨军医把香玉安置在从开封迁过来的一家医院里。说是医院,因为战乱,并没有病房，而是分散在周围的老乡家里，设备也特别简陋。

香玉住的是老乡家一间盛草料的破棚子。杨军医嘱咐一位姓上官的女大夫帮忙观察，若是三天之内，香玉的体温有所上升，就有希望，不然他也无能为力。

前两天，香玉的体温没有任何回升。

第三天下午，见香玉的体温仍不见回升，张茂堂和魏彩荣便都放弃了希望。他们把香玉最喜欢的几件衣裳抱过来放在病床前，只等香玉咽气后就给她换上，让她体体面面地"离去"。

然而，就在上官大夫最后一次给香玉量体温的时候，她看到香玉的体温有了细微的变化，往上升了一点儿！

张茂堂听了，又高兴，又不敢相信，他请上官大夫再给香玉量一次。

上官大夫又测了一次，这一次，体温计上的温度明确无误地又上升了一点儿！

张茂堂扑通一声跪倒在地上，激动地说："谢天谢地！俺的孩子有救了！"

手术以后的头几天，香玉像死人一样完全没有知觉。她的伤口里插着一根管子，只能侧身躺着，不能翻身。药水从管子里打进去，冲洗里面的伤口。半个月以后，香玉才有了知觉，但依然神志不清。一个月以后，她才知道张嘴喝面汤。

香玉是靠喝百家奶把命养下来的。

在香玉的体温回升以后，杨大夫说要想办法给香玉增加营养，才能恢复得快。

可是，香玉昏迷不醒，水米都不能进。那时候医术落后，医疗条件差，又不像现在可以给病人输营养液，打营养针，要如何才能给香玉增加营养呢？

还是香玲想到了办法。她看到设在村里的妇产科里有产妇在给婴儿喂奶，便立即拿了一个搪瓷缸跑过去，对那些奶孩子的妇女说："婶子们，嫂子们，俺姐叫常香玉，已经好几天水米未进了，军医说她体温上升了，有救了，但她不能吃饭，你们可怜可怜她，给她点奶吃吧！"

许多人都听说过常香玉，知道她是唱梆子戏的名角，听说她遭了这样的大难，都乐意帮她。于是，许多产妇挤出自己的奶，一会儿就挤了满满一搪瓷缸。

香玲怕奶被风吹凉了，立即双手捂着搪瓷缸口送回来，又和魏彩荣一起，用小勺一点儿一点儿地将奶往香玉的嘴里灌。

杨大夫说："人奶可是极好的东西，要是香玉能每天喝一杯人奶，身体应该很快会好起来。"

于是，香玲便每天拿着搪瓷缸到妇产科去为香玉讨奶，用人奶来喂养姐姐。一直到一个月后，香玉能自己张嘴喝面汤，才没有再吃人奶。这一段经历，常香玉终生也不能忘怀，她的这条命，是洛阳的产妇们用奶水从鬼门关里换回来的。

像香玉这样的病，原本应该在前胸开刀，但杨军医考虑到香玉是个女孩子，为了保护她，才选择在后背开刀。但他没有料到香玉的胸腔里积存了那么多脓，一次手术没有办法完全清除，需要第二次开刀才能清理干净。

第二次开刀那天，香玉的心情非常紧张，她怕疼，怕流血过多……但是，在做手术之前，杨军医让她在口鼻处戴了一个像笼头那样的东西,让她数一、二、三、四……数着数着,香玉便什么也不知道了,醒来的时候,手术已经做完了。

原来,这一次杨军医给香玉使用了麻醉剂。

香玉对麻醉剂不懂,只知道它是"蒙汗药",她醒来后想到的第一个问题是:蒙汗药这么厉害,会不会毁了自己的嗓子呢?所以,香玉一看到杨军医,便挣扎着侧起身子,急急忙忙用干涩的声音问道:

"杨军医,我的嗓子还能唱戏吗?"

杨军医笑着说:"放心吧,嗓子不会受影响,但是武戏你不能再演了,因为这两次开刀,你的肋骨被截掉了两根。"

病来如山倒,病去如抽丝。香玉这两次手术,让她七八个月不能下床。这期间,医院搬到洛宁去了,香玉的爸爸妈妈也回洛阳城里去了,香玉全靠妹妹香玲照顾。

香玉唱红以后,挣的钱多了,一家人的生活好了,不幸的是,香玉的爸爸张茂堂和妈妈魏彩荣都染上了鸦片烟瘾。

香玉之前就听人说过，在大烟鬼的天平上，亲生骨肉也不及一包"白面"的分量。她原以为这只是夸张的说法，她这一病，才算是真正体会到了。

杨军医救回香玉的命以后，张茂堂就问过杨军医，香玉还能不能唱戏。杨军医说："我是当医生的，只能保命，不能保戏。而且，香玉的身上截掉了两根肋骨，武戏是肯定不能唱了。"

张茂堂听了杨军医的话，失望极了。加上烟瘾发作，他和老婆给香玉和香玲留下一袋米和一袋面，双双回洛阳城去了。

洛阳城离关林只有十五里地，他们竟然一次也没有回来看过病中的女儿和还只有十二岁的徒弟，连过年也没有来问过一声，更没有让人捎来过一两米、半文钱。

香玉不能理解自己的亲生父母为什么会这样狠心，后来才知道，张茂堂和魏彩荣因为吸鸦片烟，回洛阳以后很快就把积蓄花光了，还欠了一屁股债。他们每次借到钱，首先想到的就是去烟铺过烟瘾，过完了烟瘾，手上的钱又没有了，就又变着法子去借钱。香玉又不能给他们挣钱，他们的心里根本就没有了这个女儿。

父母留下的米和面吃光了,而香玉的身体又需要营养,香玲只好每天到外面去讨饭,讨到好吃的就赶紧送回来给姐姐吃。

香玲每天要给香玉端屎端尿,打水做饭。夏天要攮苍蝇,赶蚊子;寒冬腊月,滴水成冰,香玲还得天天跑到村头的井边去给香玉洗衬衣,两只小手冻得像红萝卜一样。

幸亏杨军医每隔一段时间就来看香玉,给她看病送药,有时候也接济一下香玉姐妹俩,她们才熬了过来。

也因为经历了这段磨难,香玉一心盼望着自己能快点好起来,重新回到舞台上。香玉生怕自己的戏荒疏了,卧在床上不能动,她就小声地哼腔溜嗓子。等到能下地走路了,她就拄着棍子到草棚外面的空地上走圆场,练动作温戏。等身体好得更利索了一点儿,她又和香玲一起练武功,让自己的功力一点点恢复。她还暗暗发誓,这一次若能重新回到戏台上,她演戏的份子钱再不能全部交给爸爸,她要自己当家做主了。

那年，香玲十二岁，香玉十七岁。常言道"久病床前无孝子"，可香玲却在香玉的床前伺候了四百多个日日夜夜。所以，在后来的岁月里，常香玉和常香玲亲如姐妹。

一直到第二年深秋，香玉的病才彻底痊愈。屈指算来，香玉这一病，整整折腾了一年零三个月。

一见钟情

香玉病愈回到洛阳，张茂堂喜出望外。对他来说，回来的不是女儿，而是一棵摇钱树。

他立即着手组戏班，要香玉到洛阳的华洛舞台演出。

香玉听了，火冒三丈，因为一年多前香玉从西安回河南的时候就有言在先，她不愿意在河南演戏，要立即回到西安去。

然而张茂堂也有他的苦处。在香玉生病期间，因为他和魏彩荣吸鸦片烟，不仅把之前的积蓄花完了，还欠了一屁股债，单就九洲旅馆的房费就多得吓人，华洛舞台的经理沈鸣九正是九洲旅馆的大掌柜。除了房费之外，还有张茂堂一家三口欠饭铺的钱，也是沈鸣九做的保人。

不管张茂堂怎么说，香玉就是坚决不肯在洛阳演戏，她说："我到西安去唱戏，挣了钱再来给你还债，哪怕利滚利我也愿意！"

张茂堂看拗不过香玉，便使出了撒手锏："咱们回西安也行，可是，咱们没有盘缠，得卖几件箱。"

张茂堂说的箱，就是"戏箱"，是唱戏的行头和道具。香玉唱了这么多年戏，钱都交给了张茂堂，自己唯一拥有的就是戏箱里的几件行头，还是她好不容易一点儿一点儿置备的。若把这些都卖了，一个演员没有行头，就像一个战士没有武器，回西安还怎么演戏啊？听到爸爸说要卖她的行头，香玉的脑袋仿佛挨了一记闷棍，一下子就蒙了。

香玉傻了，愣在那儿，也不知道站了多久，才发现爸爸张茂堂早走了。

直到听到魏彩荣招呼客人的声音，香玉才回过神来。

来的是四位客人，他们是从巩县来的，还带着香玉的干爸常庆会的信。

原来，乡亲们吃够了洛河泛滥的苦头，想在洛河边修一道河坝。连年来，他们利用农闲的时间挖石头、烧石灰，已经做了不少准备工作。现在万事俱备，只欠东风，就是修坝的钱。他们曾去找过刘家，因为刘家有两个大人物，一个叫刘镇华，曾任安徽省主席，一个叫刘茂恩，曾任河南省主席，但事情还是没有办成。现在，他们来洛阳，就是想和香玉商量，看香玉能不能为修堤坝做几场义演。

巩县是香玉的家乡，但提起巩县，香玉的感情分外复杂：她既同情乡亲们的苦难，又忘不了族长骂她唱戏是下九流，逼她改名换姓。她又想：刘家的人做了那么大的官，竟然像铁公鸡一样一毛不拔，简直太过分了。一种极为复杂的情感在香玉的心里翻腾，最后燃成了一朵火花：我常香玉要给乡亲们办点好事，我要让那些看不起下九流的人见识见识。

于是，香玉忘记了自己不在河南唱戏的决定，郑重地点点头："中！"

既然要为家乡义演，香玉就不得不在河南组戏班了。

义演挣不了钱，张茂堂很不乐意，还埋怨香玉不跟他商量就乱答应。

但香玉经历过重病这场大磨难，已经不是以前的香玉了，她定下的主意，谁也别想改变。而且以前的同事听说香玉病好了，要组戏班，都非常乐意来。不到十天，新的戏班就组成了。

为了多筹点钱，香玉精心准备了十天的戏码。十天演下来，观众踊跃，捐款很多，修堤坝的钱顺利筹到了。堤坝修好以后，乡亲们把这条堤坝叫作"香玉堤"。巩县还流传着这样一句顺口溜："两个省主席，不如一个常香玉。"

在家乡完成义演后，香玉终于如愿回到了西安，应邀在西安的民乐戏院演出。

一九四二年，河南遭受水、旱、蝗、汤之苦，大批难民拥到陕西。

顾名思义，水是水灾，旱是旱灾，蝗是蝗灾。至于"汤"，有几种说法：有的说是国民党汤恩伯的部队，也有的说是土匪，因为河南当地把土匪叫作"老汤"。

香玉经常义演,用义演筹到的钱救济难民。

这一年,香玉应宝鸡同乡会的约请,到宝鸡为难民义演,遇上了她的"真命天子"陈宪章。

那天是农历正月十六,当时香玉在宝鸡演一出名叫《灯节缘》的新戏。故事讲的是一位公子和一位小姐正月十六在街上观灯,互生爱慕,临别相约来年在同一地点会面。第二年灯节,两人相会,海誓山盟,私订终身。临别,公子告诉小姐,他将赴京赶考,如果得中,即请媒人正式提亲;如果不中,下年灯节仍来此相会,共议婚嫁。一日,乳娘听说公子在半路病重,急告小姐,小姐遂私离家门,前去寻找公子。

这个戏和传统的才子佳人戏不同,并没有一个大团圆的结局,而是留有悬念。香玉特别喜欢这个结尾,尤其喜欢结尾时小姐的那句唱词:"但不知自由花开到何年。"

编戏的那位先生名叫黄自芳。那天戏演完后,黄自芳先生请客,请了河南同乡会和剧团里的一些人,饭后黄自芳先生又把大家聚在一起开讨论会,征求大家的意见,想把这出戏打磨得更好。

一个青年的发言引起了香玉的注意,他说:"黄先生这出戏有情节,有人物,戏词明白易懂,却不粗俗,特别是最后那一句'但不知自由花开到何年',真是越品越有味,道出了青年人追求婚姻自由的迫切愿望。"他说完,又朝香玉看了一眼,说:"香玉唱得也特别好,把人物的思想感情完全唱出来了。"

香玉听了,心里暗暗惊喜:他的看法竟和我不谋而合,他是谁呢?

香玉正听得入神,不料那青年又说:"我还有两点意见,也不知道对与不对,说与大家听听。首先,我认为表演上还有点问题。小姐和公子目光一接触,立即用袖子挡住脸,低着头,唱'我观他人忠厚,眉清目秀',我觉得这样表演失之于简单,不够传神。公子小姐见面,应该先互相打量一下,小姐稍微愣一下神,或者暗暗吃一惊,再唱'我观他……'这才比较合乎情理。"

听那青年这么一说,大家的目光都转向香玉,仿佛在等她回答。

香玉说:"一个大姑娘家见到一个公子,就眼睛盯着人家看,脸皮也未免太厚了吧?"

那青年却微微一笑,不紧不慢地说:"《西厢记》是你的拿手戏,其中一折叫《惊艳》,为啥叫'惊艳'呢?说的是张生一见莺莺就吃了一惊。'哎呀,世上竟有如此美丽、标致的女子!'只因为有了这一惊,才自然而然地产生了爱慕之情!"

他这一席话,说得大家频频点头,香玉也心服口服了。

那青年又接着说:"第二,我认为戏词上也有点问题。我这里班门弄斧,还请黄先生多多包涵。一个人忠厚不忠厚,正派不正派,必须经过一段时间的接触才能了解,第一次见面,绝不可能辨别得出谁好谁坏。比方说包公的脸黑,不美,但他执法如山,老百姓都尊他为青天。而陈世美长得一表人才,却是个贪图富贵、谋杀发妻的坏蛋。所以,黄先生您写的这句'我观他人忠厚'是不是应该再推敲一下呢?仅凭一观,是不能断定人忠不忠厚的。"

青年的这一番话,又把黄自芳先生说得心服

口服。

香玉忍不住朝那青年多看了几眼，心想：这个人长得这样温文尔雅，还这样有学问，可真不简单！

香玉从小跟着爸爸学戏，虽然在舞台上演过许多才子佳人、悲欢离合的戏，成名后也有许多追求者给她写信倾诉衷情，但她自己却从来没有动过情。现在，一颗"爱情的自由花"种子，在二十岁的香玉心里悄悄发芽了。

这个青年名叫陈宪章，是当时宝鸡中州小学的校长。

香玉在宝鸡义演期间，除了《灯节缘》之外，黄自芳先生还给她写了另外一出新戏《鸳鸯梦》，是根据《孔雀东南飞》的故事改编的。香玉因为没有上过学，不识字，每一次排戏的时候，都需要黄自芳先生一句一句地先讲解戏词。有时候黄先生太忙，就让陈宪章代替他给香玉讲解。

香玉和宪章的接触日渐增多，香玉心里的情感也越来越浓烈，因为他不仅有相貌，有风度，还有学问，尤其是他懂戏情戏理，这更加让香玉倾慕。

香玉成名以后，有些富家公子追求她，一些有钱有势的人想纳她为妾。因为旧社会唱戏的人是"下九流"，经常受人欺侮，爸爸张茂堂尤其希望她能嫁一个有权势有地位的人。但香玉有自己的想法。在香玉的心里，戏就是她的天，她希望能和自己牵手终生的人，不仅人品好，能托付终身，还希望他有学问，懂戏，能帮她把戏的天空托得更高更远。因此，她越来越坚信陈宪章就是她要找的那个他！

香玉爱慕陈宪章，陈宪章也爱香玉。虽然香玉的爸爸妈妈都嫌宪章只是一个小学校长，一没官职，二没有钱，坚决反对，但香玉铁了心非宪章不嫁。一年以后，香玉瞒着爸爸妈妈，和宪章在西安秘密结婚了。

结婚以后，陈宪章和常香玉相濡以沫，携手走过了五十七年岁月。陈宪章为常香玉创作了《花木兰》《拷红》《白蛇传》《大祭桩》《五世请缨》等一大批优秀剧目，尤其是"红、白、花"（即《拷红》《白蛇传》《花木兰》）成了常香玉的代表作。

人民艺术家

由于逃难到陕西的难民实在太多,香玉走在西安的街头,常能看到一些孩子"抓街"的情景——这些孩子衣着破烂,浑身肮脏,看到街边卖吃食的或者买吃食的,趁人不备抓起就跑,所以叫"抓街"。如果被人追赶上,这些孩子就赶紧在吃食上吐口唾沫,然后死抱住吃食不放。追赶的人嫌吃食太脏,就不要吃食了,但心里有气,往往将孩子一顿拳打脚踢。

这情景实在太悲惨了,而且这些"抓街"的大多数是河南难民的孩子。香玉实在看不下去,便萌生了一个想法,她想把这些孩子组织起来,教他们学唱戏,总比任由他们流落街头"抓街"

挨踢强。

香玉把自己的想法跟戏班的同事一说，大家都是穷苦家庭出身，又都是河南老乡，都觉得这是一件好事。陈宪章当然特别支持，难得的是，香玉的爸爸张茂堂也支持，还愿意帮着香玉教这些孩子。于是，香玉把流落街头的孩子们收容起来，在西安成立了一个"灾童剧团"。

香玉每天带头带孩子们喊腔，练功，其他行当的师傅也都拿出自己的看家本领，一招一式地教这些苦孩子。他们不仅要教这些孩子唱戏，还得管他们吃饭，大家每月分的份子钱自然就少了，但大家都没有怨言，一个个都心甘情愿。

后来，常香玉和陈宪章又一起创办了"香玉豫剧学校"，精心挑选好苗子，培育豫剧新人。

香玉的"灾童剧团"在西安演了好多年，直到解放战争期间，"灾童剧团"跟随第一野战军自陕西入四川，后来又被第二野战军带到西藏，这就是后来的拉萨西藏豫剧团的前身。

"香玉豫剧学校"也培养了好几位豫剧名家。

在旧时代唱戏，艺人们挨的是苦海，香玉是名角，遭的罪更多。经常会有人闯进家里来，不由分说就把香玉带走，到有钱有势的人家去唱堂会。

旧时官僚富豪或有钱人家举办喜庆宴会时，请艺人来演出助兴，招待亲友，叫作堂会。各种堂会名目繁多，让香玉不胜其烦。

不仅香玉常被莫名其妙地押去唱堂会，她的家人也经常受到骚扰，有一次，陈宪章还被莫名其妙地抓进监狱，关了好几个月。香玉几乎把所有家产都变卖了，才把陈宪章营救出来。

有一天晚上，香玉刚刚唱完戏，正在后台卸装，只见一个戴着墨镜、歪戴礼帽的人走了进来。这种人香玉见多了，知道他们不是特务地痞，就是青洪帮流氓，他们一来，准没好事。

果然，这个家伙是帮派头子李樾村的手下。原来李樾村要娶姨太太，叫香玉去唱堂会助兴。

李樾村五十多岁了，还娶一个如花似玉的小姑娘当姨太太，对这种事情香玉本来就看不惯。香玉不肯去，李樾村的手下就说："李二爷请姑娘去唱堂会，是看得起你。你们听清楚了，明天下午两点准时到！否则，李二爷会给你们点颜色看看的！"

说完便扬长而去。

当天下午,香玉窝着一肚子气来到李樾村府上,看到来唱堂会的班子特别多,一个个都唱得十分卖力,她心里的火气更大了。轮到香玉唱的时候,香玉故意唱了一段《鸳鸯梦》。

这是黄自芳先生编的新戏,当时有些人还没有听过,不知道讲的是刘兰芝和焦仲卿的爱情悲剧。一开始,李樾村和他的那些亲戚朋友还一个个用手拍着大腿,摇头晃脑地仔细听。当香玉唱到"苍天降下无情剑,斩断夫妻好姻缘"的时候,李樾村才明白过来,香玉这是在咒他呢!

李樾村勃然大怒,一拍桌子站起来,指着香玉骂道:"常香玉,今天是我的婚宴,你竟敢咒我!来人,替我治治这个臭丫头!"

李樾村的手下得到命令,像疯狗一样朝香玉扑过来。香玉是烈性子,她抱着必死的决心,一个箭步跳上堂会中央的黑漆方桌,把手指上的两枚金戒指抹下来,说:"姑奶奶今天就死在你们家里!"随即便将两枚金戒指往嘴里塞。

众人一见慌了神,一群人把常香玉按住,掰开她的嘴巴掏金戒指。一枚掏了出来，另一枚被常香玉吞了下去。大家又手忙脚乱地赶紧将常香玉送到医院抢救，因为婚庆上闹出人命实在太不吉利。还好，香玉挺了过来。

在兵荒马乱的岁月里，香玉带着戏班和全家，一路向西，从西安到兰州，最后到达了甘肃酒泉。

酒泉地处甘肃西部，全是戈壁滩，"遍地骆驼草，风吹石头跑"，有时走上一整天，也见不到一棵树。

在酒泉，他们借住在一座民房里。香玉每天带着戏班拼命演出，每一场都由她自己压轴，但收入还不够大伙儿糊口。

院门外的街道上，马蹄声成天响个不停，人声一阵接一阵。大家都很害怕，就把院门闩得紧紧的，还用砖头、桌子、杠子把门顶死，谁也不敢开门，更不敢走到院子外面去。

一九四九年九月二十五日的早晨，街上传来了《三大纪律　八项注意》的广播声。听到这广播声，大家都觉得奇怪，于是都跑到院门口，贴着院门听。

过了一会儿,院门上响起了敲门声,声音很柔和,不像是坏人想强闯进来。

大家七手八脚移开顶住门的家什,把门打开,两名军官走了进来。他们举手敬了个礼,说:"我们是中国人民解放军。听说著名演员常香玉同志住在这里,我们想见一见她!"

接着,两名军官把常香玉"请"走了。

因为以前常香玉被人"请"去唱堂会时,有过种种可怕的经历,香玉全家老小和戏校的小演员们都吓坏了。张茂堂想让陈宪章去打听打听两位军官把香玉押到哪里唱堂会去了。如果是唱堂会,就多去几个人,有个照应。

就在大家七嘴八舌、谁也拿不定主意的时候,香玉回来了,她高兴地告诉大家:

"我刚才去见的是一位首长,首长说话非常和气,他对我们这些年在西安做的事情都非常清楚,称赞我们为难民义演,还说我是人民艺术家呢!首长还说,酒泉这边还是战争环境,不安全,要派车送我们回兰州去。"

香玉的这席话，简直让大家都惊呆了。多少年来，跑江湖唱戏的艺人都是下九流，没有人看得起，哪里得到过这样的尊重？

张茂堂说："咱们现在从阴沟里爬出来了，头上有了青天了。"

香玉也说："是啊，看来，咱们算是苦海有边了。"

"香玉剧社号"

解放军果然派车把香玉他们送回了兰州,他们在兰州参加了十月一日的国庆大典,庆祝中华人民共和国成立。

一九五〇年,他们从兰州返回西安,建立了"香玉剧社"。

这时,正值朝鲜战争爆发,战火烧到鸭绿江边。为了保家卫国,中国人民志愿军跨过鸭绿江,开赴朝鲜战场,开始抗美援朝战争。

当时新中国刚刚成立,百废待兴,国家财力有限,为了支援志愿军,全国人民纷纷捐钱捐物。

一九五一年六月一日,中国人民抗美援朝总会向全国人民发出了捐献飞机、大炮、坦克的号召。

国家有难，匹夫有责。这时，常香玉有了一个大胆的想法。她想带领香玉剧社，通过义演，为中国人民志愿军捐献一架战斗机。

常香玉的想法得到了陈宪章的支持。他将香玉的想法写成了一份报告，向当时的中共中央西北局领导表明香玉的爱国之心。

一架战斗机，当时的货币需要十五亿元，对于任何人来说都不是一个小数目。何况当时香玉剧社只是一个民间小剧团，大家也刚刚从颠沛流离中稳定下来，都没有什么家底。

西北局的领导在收到常香玉的报告以后，特别重视，书记习仲勋还特别组织了由宣传部、文化部和西北文联等有关方面领导参加的座谈会，研究了这件事情。大家决定支持常香玉的募捐义演。

为了鼓舞士气，陈宪章又将京剧《木兰从军》改编成豫剧，在剧团出发之前赶紧排演出来。

出发之前，常香玉给剧团的演员们定了一条规矩：为了搞好义演，人人轻装上阵，家属一律留在西安。常香玉自己以身作则，带头遵守规矩：她和陈宪章带着剧团出门义演，把父母和三个年幼的孩子都留在了西安。

一九五一年八月，常香玉将自己的首饰和香玉剧社装道具的一辆大卡车卖了，筹集了义演的基金，带着剧团从西安出发，到当时的河南省的省会开封举办第一场义演。

就在这个时候，《人民日报》发表了一篇文章，题目叫《爱国艺人常香玉》，还配发了常香玉的照片。文章虽然不长，但字字重如九鼎。这样一来，常香玉的义演就得到了当地政府的高度重视和密切配合，可以说是盛况空前。

听说常香玉来开封义演，当地的老百姓都背着粮食来看戏。他们说自己背的是翻身粮，看的是爱国戏。

第二站是新乡。当时新乡是平原省的省会，省委书记是潘复生。演出的一切事宜都由潘书记亲自过问，保证了香玉剧社的演出成功，收入极为可观。

演出的第三站是武汉。当时武汉是中共中央中南局所在地，中南局书记邓子恢对香玉剧社的演出做出了种种安排，保证演员们吃得好，睡得好，以饱满的热情投入演出。当时在武汉的民族资本家，更是用高出票价几倍、几十倍的价钱买演出的门票，一方面表达自己的爱国热情，一方面支持香玉剧社的义演。

香玉剧社到广东演出的时候，当时的华南分局书记兼广东省省长叶剑英不但到剧场观看演出，还到后台接见了全体演职人员。常香玉拿出一本纪念册请他题字，他题下"爱国艺人"四个大字，还署了名。叶剑英同志认为香玉剧社当时演出的剧场太小了，应该到中山纪念堂去演出，并且立即做出了安排。

中山纪念堂能容纳一万多名观众，演一场的收入就有五六千万元，香玉剧社每演一场，就离捐献战斗机的目标又近了一步。

香玉剧社在广州演出的第二天下午，有一个名叫林会卿的南洋华侨来到香玉剧社，要求见常香玉。林会卿说："我们华侨在国外过得很苦。因为我们的祖国多年来受人欺侮，我们在海外也没有地位。这次我回国，看到全国上下万众一心，真是高兴。可惜我带的钱花完了，现在我身上最珍贵的东西就是这块金表,我就把它送给香玉剧社,算是我为你们义演尽的一点儿心意吧。"

常香玉非常感谢这位爱国华侨,她接过金表以后,让陈宪章到剧场门口去拍卖,当即就有人出价六十万元买下了这块手表。但买下手表后,那人又把手表交还给了陈宪章,说是他捐献的。接着,第二个人又出价一百万元,买下这块金表,买下后又捐献了。于是,许多人围着这块金表,买了又捐,捐了又买,反复多次,最后价钱升到了上千万元。

根据叶剑英同志的安排,剧社要搬到中山纪念堂演出。拉运戏箱、道具和锅灶时,剧社雇了许多辆板车。把东西运到中山纪念堂以后,板车工人全部拒收运费,他们说:"你们演出是为了捐献,我们出了这身汗也算是捐献了。"由此可见,当时常香玉的爱国之举感染了许多人,唤起了大家共同的爱国之心。

从一九五一年八月到一九五二年二月,常香玉带领香玉剧社在河南、陕西、湖北、湖南、广东、江西等六省巡回义演一百七十多场,观众达三十多万人。

144　中华先锋人物故事汇　常香玉

经过半年的巡回义演，香玉剧社终于实现了为中国人民志愿军捐献一架战斗机的愿望，这架战斗机被命名为"香玉剧社号"，又叫"常香玉号"，至今还完整地保存在中国航空博物馆。

一九五三年，常香玉又从香玉剧社精选了四十多人，到朝鲜战场上为抗美援朝的战士们演出。他们从鸭绿江边开始演起，一直演到上甘岭前线。演出的地点经常是在坑道和掩体里面。

一次，她正在掩体里演出《花木兰》，敌人的炮弹袭来，几位战士立即飞身向前把常香玉推倒，将她挡在他们的身体下面，以免常香玉受伤。这一幕令常香玉深受感动，终生不忘。

常香玉在朝鲜战场慰问演出了一百七十多天，一直到《朝鲜停战协定》在板门店签订，他们才结束演出回家。

常香玉通过义演为志愿军捐战斗机的事迹，影响巨大。这件事不仅体现了一个从旧时代走过来的艺人对新中国的热爱，也极大地鼓舞了全国人民，同时，还扩大了豫剧的影响，让它从一个地方戏变得几乎家喻户晓。

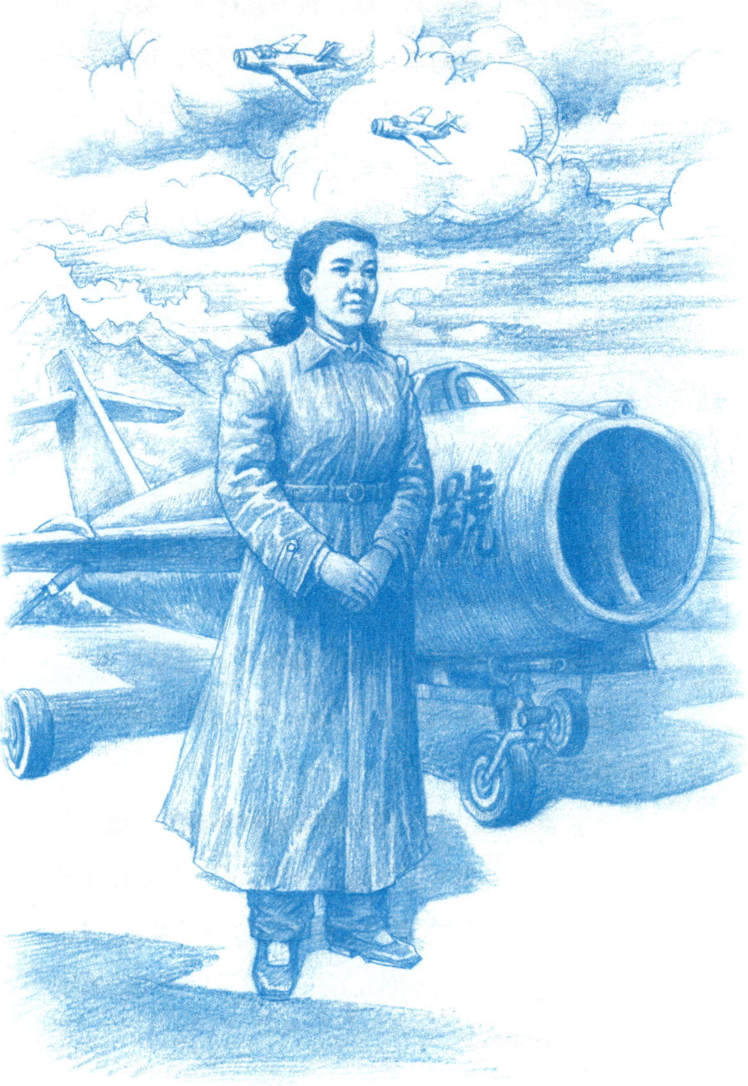

再攀高峰

从旧时代走过来的艺人，在新时代获得了尊严，被称为人民艺术家，他们最能感受到中国共产党的温暖，特别渴望融入新时代。

加入中国共产党是常香玉多年的愿望，特别是听说北京的梅兰芳（京剧表演艺术家）入党了，武汉的陈伯华（汉剧表演艺术家）入党了，广州的红线女（粤剧表演艺术家）入党了，上海的袁雪芬（越剧表演艺术家）入党了，只有她还在党的大门外徘徊，她心里十分着急，立即向党组织递交了申请书。一九五九年五月四日，常香玉终于如愿加入了中国共产党。

一九五六年，香玉剧社回到河南以后，和其他剧团合并，组建了河南豫剧院，常香玉担任院长。常香玉把香玉剧社的戏箱和一万元现金全部交给了国家，并主动将自己的工资从五百元减到三百元。

陈宪章决定改编一出戏——《破洪州》，这出戏讲的是女元帅穆桂英严整军纪、与众将士齐心合力抵御敌人进攻的故事。陈宪章按照党的文艺方针，推陈出新，保留了戏的大致结构，去掉了戏中的不合理部分，在穆桂英打杨宗保这场戏筋上下功夫，写出了理，也写出了情。

一九五八年一月十八日至二月十六日，河南豫剧院一团排演了《破洪州》，常香玉饰演穆桂英，其他演员也都是当时非常有名的豫剧表演艺术家。他们珠联璧合，仅仅一个月时间就排练成功，在郑州工人文化宫公演的时候，得到了群众认可。

一九五九年，在北京庆祝建国十周年的献礼演出上，常香玉满怀激情地演了《破洪州》，她唱、念、做、打一丝不苟，当她饰演的穆桂英唱到"咱营中可不分姐和妹，军规也不论弟和兄，谁要是犯法抗军令，我定斩人头不容情"时，那豪迈刚健的唱腔回旋在礼堂上空，引来阵阵掌声。

一九六〇年，文化部在中国戏曲学院举办戏曲表演艺术研究班，梅兰芳任班主任，京剧和各地方剧种的知名表演艺术家都参加了研究班的学习，有常香玉、俞振飞、徐凌云、袁雪芬、陈伯华、红线女、马师曾、关肃霜等人。常香玉很珍惜这个学习机会。

当时的常香玉正处于苦恼中。

那时，全国提倡演现代戏，常香玉也排了一出现代戏《擦亮眼睛》，可是一个长期演古装戏的剧团排现代戏，从形式到内容，大家都找不到感觉，只得泄气地停了下来。后来，他们又排了一出现代戏《漳河湾》，这出戏在排演的时候，大家都觉得很顺手，常香玉亲自上阵主演。没想到一公演，群众还是说："看常香玉的《漳河湾》还是不如看她的《拷红》过瘾。"后来，常香玉又让陈宪章为她改编了一出反映共产党地下组织成员的剧目《母亲》，常香玉演出后反响仍然平平。

从北京学习归来，常香玉觉得作为党的文艺工作者，不能怕砸牌子，应该甘当现代戏的马前卒，要找出失败的原因。经过反复琢磨，常香玉悟出了一个道理：传统戏多用程式表演，现代戏却不能靠程式，因为现代戏中的生活和老百姓的日常生活一样，过于程式化便显得虚假，观众看戏的时候难以入戏，演员表演的时候也难以入戏。

悟出了这个道理之后，常香玉明白了，要演好现代戏，首先要深入百姓生活。

不久，河南豫剧院开始排演著名剧作家杨兰春创作的现代戏《朝阳沟》，常香玉饰演其中的一个角色——拴保娘。为了演好这个农村老大娘，常香玉采取了三种方法深入生活：一是争取更多机会上山下乡演出；二是经常到近郊参加生产劳动；三是定点下乡，进行一定时间的劳动锻炼，观察农村大娘的真实生活。这样做果然很有成效，常香玉把自己的观察和体验用到表现人物上，成功地塑造了拴保娘这个角色。

一九六四年，在北京怀仁堂举办的元旦晚会上，毛主席等中央领导同志观看了河南豫剧院三团演出的《朝阳沟》。演出结束后，毛主席走上台来，接见了全体演职人员。走到常香玉面前时，毛主席亲切地握住常香玉的手说："祝贺你们演出成功！"

第二天,《人民日报》在头版显著位置刊登了毛主席接见豫剧《朝阳沟》演职人员的照片和报道,从此,《朝阳沟》成为豫剧现代戏的经典剧目,至今魅力不减。

一九六四年,常香玉带领豫剧一团在大庆油田演出时,又精心排演了豫剧现代戏《李双双》。如果说"拴保娘"还只是个配角的话,李双双则是不折不扣的主角。常香玉从生活中汲取营养,从人物形象的需要出发设计了唱腔和动作,将这个人物塑造得格外成功,受到油田工人的喜爱和追捧。

后来,在河南省举行的现代戏观摩大会上,大会决定让豫剧一团在第一天晚上演出《李双双》。看到领导和戏剧界对这出戏如此重视,常香玉很开心。在现代戏观摩会演中,《李双双》得到了文艺界和观众的一致好评,常香玉在现代戏的演出上终于跨上了一个新台阶。

化作一把泥

在常香玉之前，并没有"豫剧"这个词，人们称此类剧目为河南梆子。河南梆子有许多流派，互不交流，而且主要在民间流传，很少登上大雅之堂。常香玉大胆地吸收河南梆子各种唱腔流派的优点，并且向有"宫廷剧"之称的京剧艺术进行了借鉴，因此极大地提升了河南梆子的品位，使其成了雅俗共赏的豫剧，她也被誉为"豫剧皇后"。

一九八〇年三月二十七日到四月十三日，河南省豫剧流派汇报演出大会在郑州举行。在这次会演中，豫剧五大流派及其代表人物"五大名旦"，即常香玉、陈素真、崔兰田、马金凤、阎立品的说法基本确立，从此在官方和民间都约定俗成。大家普遍认为，《拷红》《白蛇传》《花木兰》《五世请缨》《大祭桩》《破洪州》是常派代表剧目，常派的艺术特点是唱腔舒展奔放，表演刚健清新。

一九八七年十月七日，常香玉受邀参加了首届中国艺术节（中南区）开幕式演出及老艺术家的专场演出。在闭幕式上，艺术节组委会专门为她颁发了"香玉杯"荣誉奖。

常香玉久久地凝视着"香玉杯"，心想，好花不常开，自己在舞台上打拼这么多年，总有谢幕的时候，而戏曲艺术却需要长久传承，那么，就让自己化作一把春泥吧。她决定将"香玉杯"作为一个象征，设立一个"香玉杯"艺术奖，用来奖励地方戏曲的优秀人才。

常香玉和老伴陈宪章一商量，陈宪章说："咱俩想到一块儿了。不过，这件事要筹划得细致一些，要使这项评奖活动真正为出人出戏起到积极的作用。"

常香玉还是像年轻时那样风风火火，她想到就要做到。她立即向河南省文化厅汇报了她的计划，决定自筹资金十万元，设立"香玉杯艺术奖"，每年评选一次，每次评选十名为河南戏剧做出突出贡献的优秀戏剧人才。河南省文化厅认为这是件好事，应该支持。常香玉又立即向河南省委提交了正式的报告，省委主管部门不仅给予了有力支持，还提出了不少指导性意见。

为了筹集资金，常香玉捐献了自己的全部稿费和存款，并于一九八八年五月承包了河南省豫剧一团，签订了三年承包合同。

这年五月中旬，六十五岁的常香玉亲自披挂上阵，率领河南豫剧一团的几十名演员和家中老少三代，开始巡回演出。他们从省城出发，然后下巩县，向洛阳，途经三门峡，最终到达西安。

他们准备了四台各具风格的节目：一台折子戏，其中有孙女小香玉主演的豫剧小品《狗娃和黑妞》、《花木兰》片段等，压轴的是常家祖孙三代同台合演的《拷红》，常香玉饰崔夫人，孙女小香玉饰红娘，女儿常小玉饰崔莺莺，儿媳潘玉兰饰演张生；一台是清唱，其中包括常香玉的《花木兰》《拷红》片段及《正月十五闹花灯》；另外两台是以一团的中青年演员为主力的传统剧目。

化作一把泥

冬去春来，到一九八九年春天，经过常香玉和全体演职人员的共同努力，他们共为"香玉杯"艺术奖筹集到二十二万元基金，数额远远超过了当初计划的十万元，且时间提前了一年零三个月。加上常香玉的稿费和捐款，"香玉杯"艺术奖的基金数额达到了二十九万元，常香玉的儿子陈嘉康又捐了一万元，最后共有整整三十万元作为"香玉杯"艺术奖基金。

从一九八八年到二〇〇五年，"香玉杯"艺术奖设立十八年，历经九届评选（常香玉生前举办了八届，去世后举办了一届），先后有来自全国各地的一百三十多位青年演员获此殊荣，"香玉杯"艺术奖为推动艺术繁荣，奖掖艺术新秀做出了极大的贡献。

常香玉究竟有多少学生，谁也说不清。就全国来讲，被大家所承认的专业豫剧团，多以常香玉为宗师。多数坤角的唱腔，都是以常香玉的唱法为本。至于业余爱好者们，热衷豫剧的票友们，绝大多数学的也是常香玉的唱法，他们一开腔就是"刘大哥讲话理太偏……""在绣楼我奉了小姐言命……"

早在西安的时候,常香玉就开办了豫剧艺术学校和灾童剧团,她亲自教课,培养了不少青年演员。她的义妹常香玲的唱腔和武功,也是她教的。

在退休以前,常香玉在河南省戏曲学校担任过数年校长,学生们无论是练功、学戏,还是唱腔,都深受这位校长的影响。她不但严格要求学生,而且还以身作则,亲自教学。经她培养的人才,遍布各地,比如著名歌唱家李娜,著名豫剧演员虎美玲、汪荃珍,常香玉的家庭传人女儿常小玉、常如玉,孙女小香玉。

常香玉胸怀广,气度大,没有门户之见。她年龄最小、入门最晚的弟子名叫范军,原来是一个相声演员。在表演相声的时候,范军经常模仿豫剧的唱腔段子,尤其喜欢模仿常香玉。范军一直想拜常香玉为师,可是又不敢,怕常老师说他是歪门邪道。后来,范军通过朋友向常香玉转达了想拜她老人家为师的愿望,没想到常老师竟然答应了。

范军看到常老师答应了,非常激动,想搞一个隆重的拜师仪式，常老师想了想说："军，现在有恁多下岗职工，咱不花这个钱。要搞仪式，也不要恁张扬，叫你的师姐们帮帮忙，咱们给下岗工人搞一场义演，好不好？"

常老师的一番话，说得范军既感动又羞愧。结果，范军的拜师仪式就在一场为下岗工人的义演中进行了。那场演出非常成功，常香玉在舞台上对大家说："我们要为国家分忧，为下岗工人做点事，所以，我带着我的儿子、女儿、徒弟都来了。今天，我还要收一个说相声的男娃做徒弟。大家一定觉得奇怪，我常香玉咋会收一个说相声的做徒弟？大家想想，能在相声里学唱咱豫剧，这不是宣扬咱豫剧吗？再一个，这孩子灵着哩，我看过他的相声，听过他学的戏，他不光学我常香玉学得像，豫剧各大流派学得都很像。这孩子要认认真真地演戏，老老实实地做人，他就一定能成为德艺双馨、人民喜爱的好演员。"这一番话，说得范军特别感动，这个拜师仪式，让范军终生难忘。

还有一次，一个弟子来找常香玉，说豫剧五大名旦之一的阎立品老师要找她去配戏她没去。常香玉说:"那你为啥没有去呢?"弟子说:"阎老师唱的F调,我唱的降E调,配不了,没法去。"常香玉立即严肃地对弟子说:"阎老师不光戏好,人也好,她有困难来找咱,有法没法都得去。"见弟子还不肯去,常香玉不高兴了,她立即找来一把弦子亲自给弟子调弦,让她唱F调,一试,还真能唱上去。弟子不吱声了,常香玉板着脸批评她:"不试,你咋就知道没法唱?不同流派就配不好戏?我还不知道你那点小心眼儿!你们呀,还通通得好好学哩,这回去就要好好向阎老师学习,不光要学戏,还要学做人。"训得这名弟子连头都不敢抬,连忙说:"中中中,我去我去。"

凡是学生来学戏的日子,常香玉每次都提前二十分钟把一切准备好。哪怕是三伏天,她也仍然穿得整整齐齐,连领口的风纪扣都系着。学生们说:"老师,您这么大岁数了,天气这么热,您穿得随意一点儿吧。"常香玉总是和蔼地告诉大家:"这人啊,要学会约束自个儿一点儿。人呀,最大的敌人就是自个儿。咱这是在说戏呀,我这样穿戴不光是对你们的尊重,也是对戏的尊重。这人呀,

化作一把泥　　159

干啥就要敬啥，要不你准干不好。"

常香玉就是这样，言传身教，不仅把唱戏的本事传给弟子们，更把做人的原则、"戏比天大"的道理教给弟子们。

常香玉，这个从苦海里熬出来的豫剧皇后，用她的艺术和人生，真正诠释了什么叫"戏比天大"，什么叫"德艺双馨"。

二〇〇四年六月一日，八十一岁的常香玉与世长辞。

然而，斯人已逝，风范长存。